愿无岁月可回头

韦宇教 著

中国友谊出版公司

图书在版编目（CIP）数据

愿无岁月可回头 / 韦宇教著. -- 北京 : 中国友谊出版公司, 2016.6

ISBN 978-7-5057-3758-7

Ⅰ. ①愿… Ⅱ. ①韦… Ⅲ. ①散文集 – 中国 – 当代 Ⅳ. ①I267

中国版本图书馆CIP数据核字（2016）第129049号

书名 愿无岁月可回头
作者 韦宇教
出版 中国友谊出版公司
发行 中国友谊出版公司
经销 北京时代华语图书股份有限公司 010-83670231
印刷 北京尚唐印刷包装有限公司
规格 880×1230 毫米 32 开
8.5 印张 180 千字
版次 2016 年 6 月第 1 版
印次 2016 年 6 月第 1 次印刷
书号 ISBN 978-7-5057-3758-7
定价 39.80 元
地址 北京市朝阳区西坝河南里 17-1 号楼
邮编 100028
电话 （010）64668676

自序
咫尺或天涯 只存于心间

三十一岁。

这是一个挺尴尬的年纪，似乎与青春无关，又难以避而不谈。

在地铁或是公交车里让座，有人会跟我说，谢谢哥哥！有人会跟我说，谢谢叔叔！有人会跟我说，谢谢小伙子！

听多了谢谢，却越来越恍惚：我该把自己归入哪一个群体？

后青春期？

中青年？

中年？

十年前我没有想过这个问题，甚至五年前我也没想过这个问题。直到二十九岁那年，距离“奔三”只少了个“一”的数字时，我开始感觉到了忧伤，夹杂着些许忧虑，没想到自己的年龄终于也要以“三”开头了。

可我还有很多事情没有尝试呢，还有很多地方没有亲临呢，还有很多人没有认识呢，还有很多遗憾没有弥补呢，还有很多很多……

但是，时间就像潮起潮落一样，不断交叠着向前推进，没有人能够阻止。就像夏日的某一个傍晚，我们再也无法从父母的头发里找到黑头发。

我的第一个具备真正意义上的旅行，是在 2005 年立夏那天，也是我二十岁的生日，我第一次来到了海边，在青岛栈桥那捡到了二十个海星，那天一直下着淅淅沥沥的小雨。

之后去了很多个有海的大城小市，去了西南，去了东北，去了江南，去了古城古镇，去了港澳。看过海上日出，看过坍塌的废墟，看过西塘的夕阳，看过风尘仆仆的旅人，看过市井风情，看过琐碎日常。

第一次知道北京，是在小学课本里。第一次到达北京，是在大一那年的国庆节。2008 年在学校里过完元旦，我的自行车被偷，然后我坐火车再次来到北京。

工作，生活，从东三环到东五环，再到北五环，一晃八年过去了。期间，我在这个城市里，送别了很多故人，也迎来了很多新人。

回头想想，时间真的太残忍了，我们跋山涉水，背井离乡，起早贪黑，隐忍倔强，只为终有一天可以通过自己的努力，让我们深爱的人过得幸福、快乐，可以带他们出去看看这个世界，走出他们自己圈定的地图。我们所有的努力和付出，只是希望有一天，在家人需要帮助的时候，我们可以成为家人的臂膀和依靠。

可他们在等待我们兑现诺言的时候，却悄然老去，经受着时光的摧残，或是病痛的折磨，或是思念的煎熬，或是留守的孤寂，最终他们含笑而去，我们痛哭遗憾。

然后我又想到了那个问题：咫尺和天涯之间，到底相隔有多远？

一路走来，我们路过自己的少年锦时，然后在最美的年华里与青春挥手作别，接着在繁重的工作里找寻可以杀死庸碌的情怀，只是为了找到心中的答案。

于是，在走了足够远，听了足够多的故事，经历了足够多的滚滚红尘之后，我的答案终于浮出脑海，跃然眼前。

原来，时间和年龄从来都不是问题，而咫尺和天涯的距离，也不在地图和里程上，而是存在于心间，存在于自己的脚下。

那就带上一颗素履之往的心，在咫尺边靠近天涯，让时光无已回头。

韦宇教

2016年5月5日立夏　北京

目 录 CONTENTS

第一章
把日子咀嚼碎，生命的答案自然明了

第二章
曾经的曾经也只是曾经，却足够心念一生

第三章
感情是每个人都难以抗拒的澎湃

第四章
人生即遍路，你的故事讲到了哪

第五章

素履之往，愿无岁月可回头

第一章　把日子咀嚼碎，生命的答案自然明了

＊＊

向往的是远方，何不走走停停

生命来自土地，只在朝夕间漫步徘徊。生命挥洒泪水，只在呼吸间珍重道别。生命伴你伴我，像春天的枝头开着花朵。生命离开你我，像秋天的落叶随风飘落。飘过春天，飘过冬天。

我一直在挽留，极力地挽留，可6月终归还是毅然决然地走了，且一去不复返。

这是2015年7月的第一天，也是我辞掉工作后的第一天。

早上起床后，先给花浇水，接着给猫洗澡，然后我手捧着单反，镜头对准了窗外北京的蓝天，按下快门的那一刻，有一只小鸟飞过天际。摄影定格的画面，就跟岁月一样，永远不能重来。

听闻我辞职的消息，收到了很多的问候和入职邀约。同时也有很多人问我：如果可以重来，你要做什么？

静下心的时候，我也不止一次地问自己这个问题，同时也知道自己始终要直面理想和现实，不管是美好的，还是残酷的。

其实，我一直很清楚，现实一直都缠绕在身边“赤身裸体”地吼叫，而心底的梦想却总是在无人问津的角落里独自“守着活寡”。但是，回到我喜欢的空间里，我依旧可以翻看那些搁置已久的书，可以写写我喜欢的文字，可以骑着山地车到沙河边看着望不到头的荷花，可以用镜头记录生活的印迹和时光的细碎。

小松问我：“就这样任性地辞掉了工作，没有了薪水，你还有海景房的房贷压力，你心里会慌乱吗？会后悔吗？”

我抿嘴笑了笑，有没有固定收入，月薪高还是低，房贷都是要还的吧！我理解的人生和生活，只是一种选择，无关乎对错，无关乎好坏。不需要赋予太多含义，也不需要承载太多。你越是思量，心里越是煎熬，不如遵从自我，回归内心，如此就好。

写到这里的时候，音箱里传出了朴树的《平凡之路》的歌声：

我曾经跨过山和大海，也穿过人山人海。我曾经拥有着一切，转眼都飘散如烟。我曾经失落失望失掉所有方向，直到看见平凡才是唯一的答案。

这首歌我单曲循环过好多次，在上班的路上，在公司写策划方案的时候，在归家的夜晚，在旅行的途中，我经常静静地听着朴树用歌声告诉我曾以为深谙的道理。

6 月的最后一天，我办理完手续，收拾完东西，删掉电脑开机密码，清理掉收件箱里的 2418 封和发件箱里的 1284 封邮件，跟少数人说了声“再见”，然后在指纹机上打了最后一次卡，然后安静地走向大山子路口东公交车站。

3年零82天，原来真的也只是一刹那。从安定门到798艺术区，从互联网到互联网金融，时光悄无声息地流过，我却无从抓起。

终于回归了自由身，放下所有的经历和光环，给自己一个间隔年，重新出发，重新上路，重新遇见未知。就像我曾经对自己说的：不“杀死”今天的自己，何以重塑明天。而来在来时的路上，去在去时的途中，仅此而已。感谢相遇，感谢那些日子与那些人一起共事，一起努力拼搏，一起加班熬夜，唯愿大家都可以以梦为马，笑傲江湖。

7月了，北京阳光甚好，天蓝得透亮，且让自己慢下来，让时光慢下来，让生活慢下来，让梦想慢下来。

有过一面之缘的李总在微信上问我：接下来的工作如何考虑？

我说还是首选甲方吧，如果7月中旬前还是没有合适的甲方，我再乖乖滚回乙方，继续当公关狗，继续受虐。

李总在电脑前估计笑抽了，她回复我说：挺好，能活得略容易些。如果没如意的，我这边一直在等你。

看到这句话，心里有股暖流涌过。很多时候被认可、被信任、被等待，也是一种慰藉和动力吧！

上周末，在北纬43度、东经124度的火车站里，我看到一个似曾相识的场景——有人在目送，有人在挥手，有人在拥抱，有人在合影，有人在哭泣，他们的表达方式不同，但目的一样：送别。7年前，我觉得，“再见”不可能变成“再也不见”。7年后，我懂了，很多同学大学毕业后真的就再也不会见了。车站就像一个舞台，在这里上演送别一幕的他们，终有一天会知道：现实有时就像一个魔咒，有些事我们无能为力，当我们习惯了“再也不见”和“后会无期”时，或许我们才开始真正地融入和体验生活。而回忆不管有多美，终将化成灰烬，被碾碎在列车的汽笛声里。

整个6月，我从北走向南，再走向北。一段又一段不愿归程的旅途，一个又一个擦肩而过的路人，一抹又一抹似同非同的景色。火车里的很多乘客坐在卧铺车厢里各自的位置，做着相同的动作——望向窗外。也许是因为窗外有阳光，有绿色，有希望，有期待，有幻想，有我们不甘此行的所有可能性，有现实里我们终归要面对和解决的生活。

整个6月，我每到一座城市就下雨，每离开一座城市就晴天。有多少“期待”，就有多少“未知”，无关乎得失，无关乎悲喜。不过是一次经历，不过是一种生活。如此，而已。

整个6月，从北京到成都，再到重庆，再到天津，最后回到北京。一个人要辗转多少城市，才能度过一生的旅途。你会抵达哪一处，你还可以再走多远。那时候说着要走很远的你，还是现在的你吗？你有没有找到回来的方法？

整个6月，我去了很多的城市，路过很多的火车站和候车室，看似景色有别，实则大同小异，殊途同归。那里充斥着很多人，很多种人生，很多种心情。有拿着大包小包的，有背着吉他的，有行乞的，有旅游的，有出差的，有探亲的，有逃离的，有寻找的，有出发的，有结束的……看着眼前的画面，突然想到了S说过的：“世界很宽广、唯美，井底是一生，飞翔也是一生。”只是不知道，形形色色的你我他，有几个可以谈得上是生活？大抵是本能生存，负躯前行。即便如此，我们又怎能禁锢不甘的心，又怎能停止前行的脚步，毕竟路途遥远，毕竟明天未知。

夏至已过，6月已尽，不问因由，不问前程，不参透无根的话头。从“天府之国”到“山城”的动车上，沿途有翠绿的稻田，低矮的瓦房，随坡而建的村落，大小不一的荷塘，长短不同的隧道，每一个悄然退后的画面都自成一景，仿佛回乡之途，令人抒怀。可我终归还是要继续“生活在别处”，继续走走停停，继续醉心于路上，重新发现思维定式外的世界和生活方式，以及那些尘封的理想和无限的可能。

凯鲁亚克的小说《在路上》有这样一句：世界旅行不像它看上去的那么美好，只是在你从所有炎热和狼狈中归来之后，你忘记了所受的折磨，回忆着看见过的不可思议的景色，它才是美好的。

可是W告诉我：我们不停地翻弄着回忆，却再也找不回那时的自己。

是的，凯鲁亚克是对的。是的，W说的也没错。就像木心先生在《鱼丽之宴》里所说的：我曾见过的生命，都只是行过，无所谓完成。

这个6月，小松进入了金融圈，小威在思考着打造更具执行力的团队，阿闯准备转型，姜姐去了邓丽君长眠的小城清迈，我则辞去了工作。我们都在谋划着改变，只期待着活出更丰盛的自己。

我也知道，生活不易，每个人的内心都有一份隐忍和痛而不语的伤，却也有一份倔强而逆势生长的希望。所以，那些还飘摇在路上的你，请走出自己的茧，走出内心的暗影，走到阳光下，给当下的自己一个微笑。那些在无人角落里流过的泪，那些在独自前行中摔过的伤，那些在自娱自黑里耍过的酷，终将成为你日后“破土而出”

的养分，继而像绽放在盛夏的那些花儿一样：美丽、冷艳、绝美、芬芳。

从初夏走到盛夏，从6月走到7月，我一直觉得孤绝的宿命，黑暗的优雅，才是我喜欢且历经的人生。

可此刻的我，坐在电脑前，更愿意感谢家人的理解和包容，让我可以再次任性地出发。我知道，我还有很多的路要走，也可能注定一生漂泊，但始终没有丢掉自己。

7月已至，反正路途依旧漫长，反正前方依旧遥不可及。那就请放慢脚步，走一程，停一程，等等自己的影子，等等自己的灵魂。

北京的盛夏，夜色清美。十五的月亮映在河面，晚霞和乌云同染天际，水鸟已归巢，钓鱼、烧烤和露营的人已归家，只有一些骑行和散步的人还留有身影。站在河边冥思时，我想到了小柯在《北京秋天的黄昏》里唱到：

在忧伤的青春的身后睡吧！

而老狼在《北京的冬天》里则唱着：

北京的冬天，嘴唇变得干裂的时候，有人开始忧愁，想念着过去的朋友。

也许，我们都需要离开尘嚣，静心归零，放慢脚步，才能发现生活的美好，以及生命的纯净。

时间就像一幅素描，绘制了所有的过往和故事，
我们却只能把它装裱于心底。

你终究还是选择了离开

这是一个流行离开的世界，但是我们都不擅长告别。

——米兰・昆德拉

青春之后　认输之前

18 年。哥哥以走街串巷、拍照和独自留在这里过年的形式，告别这个他生活了 18 年的城市，告别这个他年少时梦想版图里最灵动、最闪耀、最魂牵梦萦的城市。

早春二月的北京，虽然天气有些微凉，但依然那么繁华。

此刻的哥哥，站在地铁 13 号线立水桥站外的过街天桥上，架起三脚架，正捕捉这个城市的车水马龙、人来人往。

而远在家乡的我，该如何与他告别呢？

无声目送，还是紧紧拥抱，还是拼命挥手？

我们一起生活的这些年，似乎还没拥抱过吧？

也许6岁前他拥抱过我，遗憾的是我没太多印象。

印象里最深的只有两件事：一是哥哥骑着自行车带我，下坡的时候不时地回头问我："教，还在吗？"一是跟他彻夜长谈，哥哥谈他未来的理想未来的生活，跟我描摹他未来的世界。

那一刻我总觉得，哥哥会成为那个世界里的国王。

只是当时年少的我，还不懂什么叫梦想什么叫生活。

如今，当我也走在奔三的道口，终于理解了什么叫"人生若只如初见，何事秋风悲画扇"。

有太多的话，还是说不出口；有太多的字，还是难以下笔。唯愿他，在往后的天涯里，在另一个重新出发的城市里，依旧是自己的国王。

这段时间，我听过很多歌手、乐队的歌，有老狼、黄磊、筠子、朴树、许巍，有张楚、高旗、谢天笑，听宋冬野、尧十三、马頔、贰佰、李志，有麦田守望者、哪吒、达达、低苦艾、A公馆、丝绒公路、逃跑计划、扭曲的机器、新裤子、旅行团、痛苦的信仰、GALA、粉笔线，听那些青春年少，听那些似水年华，听那些纯真梦想，听那些来自心底的呼喊，听那些没有守住的初衷，听那些被吉他弹飞的不羁，听那些无畏无惧的时光。

我以为自己是在听他们唱歌，其实我不过是在听自己灵魂的低吟。在每一条成长的轨迹上，在每一次跌倒爬起后的自嘲中，在每一次重新出发的勇气里，在每一次旅行的沉思中，在晨曦里，在夕阳中，在夜幕下，听自己的内心唱歌给自己听。

我的很多兴趣、很多爱好、很多梦想，似乎都受哥哥影响。我一直追赶了他 29 年，我们却如同两条平行线，我一直在努力，却从未超越。

你的行囊已经收拾得差不多了，能邮寄的邮寄，能留给我的留给我，能卖掉的卖掉。

我知道，世上根本没有感同身受这回事，有的只是冷暖自知。没人能理解你离开背后的不舍，正如没人看到我笑容背后的悲伤，没人懂我愤怒里带着的善意，没人知道我沉默中的执着。

当一个人看着自己的信仰在面前裂成碎片的时候，他的世界剩下的只有废墟，以及漫天的灰尘。

也许有一天，我可以重拾信念。也许有一天，我可以微笑着与哥哥告别。也许有一天，我走过足够多的路，遇见足够多的人，知道了生活的本质，看清了许多真实的东西，就没有那么多的酸情和悲戚了。

我们在一个城市里共同生活了 7 年，到了要分别的这一刻，终于明白："人生只是一段华丽的冒险，总会有人陪伴我们走过一段孤独的旅程，有时一段，有时一生。可是，终究会遇见分岔路，遇见站牌，有人要换乘，有人要下车，我们终究需要相互告别，温柔再见。"

一路上，我不停地追着他，从相同的小学，到不同的初中，到相同的高中，再到不同的大学，然后来到相同的城市。

即便如此，我早早就知道，终有一天，我们还是会面临分开，面对告别，或是为着我们不可妥协不愿屈服的内心，或是为着我们执着并坚守于此的光明和希望。

再见了，那个男人，那个在我生命里一直觉得他是唯一一个可以凭借自己的努力实现梦想的男人。

再见了，那个我仰望了29年的男人。

有些路总要一个人走，有些苦总要一个人吃，有些事总要一个人面对，不是因为无法回避，抑或是感同身受，而是因为，我也曾走过，所以我知道这些路一定要自己走。

未来的某一天，在这条路的尽头，你会看到一个更好的我，如同我会看到一个更好的他。

安于文字，就此告别吧！不需挥手，不需煽情，不需垂泪。往后的路，我心湛然，唯是寂定。29岁，我的阅历还无法与智慧的老人相比拟，我只是一个始终在路上的行者，我会随身随时带着两件行李："好奇"和"勇气"，在此地或彼地走走停停，做个认真的旅者。

不悲不喜　安之若素

"静极，方闻天籁；破茧，才能重生。"

2015年2月22日，大年初四。我北上的当天，哥哥开始自驾南下。我们终于还是没能在这个你生活了18年，我生活了7年的城市，来一场好好的告别。

16号早上他开着新换的科鲁兹送我去首都机场的路上，左边是宽阔的沙河，右边是一排排的大树，前方是雾气缭绕的路，像极了《后会无期》里江河和浩汉行进的路，我一路上都在回想这部电影，回想我和哥哥的青春，以及那些零零碎碎的生活片段。

如果当初哥哥不在北京，也许我就留在了青岛，或者成为《齐鲁晚报》的一名记者。但生活没有“假如当初”也没有“如果”，既然选择了，就好好地努力、用心走下去。

即使有一天，心生遗憾也罢，心生后悔也罢，都要谢谢自己经历过，拼搏过，为自己真实地倔强地活过。

他离开了这个城市，以后打给我的电话，来电显示再也不会写着“北京”两个字了。

他离开了这个城市，留下的自己种的小白菜依旧生机盎然，欣欣向荣，我都想摘下来拿回家煮面吃了。哥哥种的带不走的小白菜、大蒜和养的两盆吊兰，我都给它们浇水了。在跟他的房东交接退房手续之前，我会让它们在我手里好好活着，就当作是对生命的敬畏吧！

哥哥离开了这个城市，我把他的房子都收拾干净了——冰箱清理了，地扫了拖了，桌子椅子擦了，没用的东西都当垃圾扔掉了。

还记得哥哥刚搬到沙河民园小区的第一天，也是我过来帮他一起打扫房间和搬东西。没曾想，哥哥彻底离开北京后，还是我过来帮他打扫，一如当初。

只是，干净整洁的屋子里，空荡荡的只剩下我一个人，安静到我能听到自己的心跳声。

以后周末或逢年过节，再也不会有人叫我过来一起吃饭了，再也不会有人叫我一块儿自驾出游了，我出去旅行买回来的东西也送不过来了，也许我再也不会骑行路过这里了。

从此，北京昌平沙河民园小区从我的路途里，消失无踪，而且是永远。

再见了，那个我仰望了29年的男人。

也许有一天我也会离开这里，在新的城市开始新的生活和旅程。

从环江、宜州、柳州、桂林、南宁、贵港到潍坊、青岛、烟台、济南、德州、临朐，从北京到上海，从西塘到杭州，从郑州、保定到合肥，从天津到平遥，从厦门、鼓浪屿、福州到长春，从广州、佛山、顺德到苏州、周庄、同里、南京，从秦皇岛、北戴河到兴城，从成都、重庆到深圳、香港、澳门，从婺源、安吉到怀来、大连，再回到北京，兜兜转转了这么些年，路过很多城，遇见很多人，听过很多故事，可我还是学不会人情世故，学不会表达，还是不善言辞，但别人对我的好，我会一直铭记在心里。

18年，时过境迁，这个城市的很多东西都在变，有些是物是人非，有些是人走茶凉，有些是改头换面，有些是面目全非。

还记得，1997年，哥哥以超出清华、北大20多分的成绩成为全县文科状元的时候，我看到再苦再累再难都没哭过的父亲，在他自己的屋里，手攥着哥哥的大学录取通知书，哭成了泪人。我知道，他流下的泪水里，有幸福、有欣慰，还有释放。在哥哥完成自己北京梦想版图的同时，也替那个从小就是个孤儿，读完小学二年级就因生活所迫而退学的男人，圆了他一直深藏心底的读书梦。

还记得，1999年，哥哥22岁，正在读大三，拿着相机准备奔赴记者之路。2004年，我19岁，正在读大一，未来充满了无数种可能。2015年，他38岁，在新的城市开始了新的生活；这一年，我30岁，已经在PR圈摸爬滚打了7年。虽然他大我8岁，可在时光车轮的碾压之下，我们最终都有了个当初不曾料想的以后。只是不知道，我们曾经一同描绘的梦里，是否还留有当初的影子？

还记得，2004年国庆节，我第一次来北京时，他给我拍的那些照片。那一年，镜头里的我，表情是那么的青涩，眼神是那么的清澈，恍如少年。

还记得，2005年，我曾在网上看到过《北京青年周刊》刊登的采访过哥哥的文章，好多内容我已经想不起来了。但是，文章里放的其中一张他的照片我始终记忆犹新。照片中的哥哥，背对着镜头，伸开双臂，远景是他办公的地方——位于紫竹桥东南角的北京豪柏大厦，顶端是蔚蓝色的天空，那一刻的哥哥，像极了一个拥抱世界拥抱梦想的追梦人。

还记得798艺术区的那家专卖与猫有关的“猫社”小店，前几天我再次路过的时候，发现它已经关门歇业了。店门口的猫窝再也没有流浪猫寄宿，而是被垃圾堆得满满的，再也没有了当初的温馨和暖意。

还记得……有太多太多残留在脑海里的“还记得”。只是，一切都只是“还记得”。

18年，很多东西消失了，“原来”，停留在记忆里。

时光总是在慢慢地蚕食着一切，就连同我们自以为坚如磐石的理想和信念，也在一点点地被吞噬、被瓦解。

从家里回到北京后，我沿着哥哥开车送我去首都机场的路，骑行了一圈又一圈，一直沿着沙河边骑到了高速路。那天，阳光温暖，微风和煦，我就那样安安静静的一个人骑行着，路边的风景从我眼前一一闪过，就像电影拍摄手法里的一镜到底。

也许，我们这一生遇见的很多人，都只是在偶然的时间里，彼此路过，然后错过，接着再路过，再错过……也许，我们这一路遇到的一些人和离开的一些人，都是因缘业果和注定的。我望着写有“首都机场”的指示牌，在心里告诉自己：来日方长，我们后会有期！

骑行回来，跟哥哥的房东办理完房屋交接手续后，我在QQ空间写了一条关于哥哥的说说，嫂子在下边回复我说：“其实要离开住了十多年的城市，我们也很不舍，只是越来越觉得那不适合居住，当初的梦想离我们也越来越远，不想把后半生放在一个看不到未来的地方，所以果断地决定离开。”

我知道，哥哥只是换了一个城市，换了一种生活方式，来继续自己未完成的梦想。一如当年，哥哥在地图上用红笔字圈起来的梦想版图——“北京”。

其实，留下，离开或者是告别，终究也不过是一场生活。

只是还是有点遗憾，直到他离开，我也没能带他去我的海景房看看，没能在一起吃顿离别的晚宴，没能在我喜欢的海边拍张合影。

一个人坐在哥哥的屋子里，写下了这些莫名的文字，就当作是最后的告别吧！与哥哥，与过去的自己，与那些路过的城市和人们！

未来会怎样，我也不知道，只是我会依旧遵从自己的内心活着。就像廖玮雯在《无须讨好世界 且让自己欢喜》的书里所言：“相遇，离开，告白，告别，重逢，永别，都是人生在世，起起合合，缘起缘灭的一种状态而已。”

＊　＊

我们都是窗外的那抹阳光，掠过废墟，掠过高楼，掠过一扇又一扇或开或闭的窗，只为目之所及的人们的惊鸿一瞥，只为落日前最后的明媚和闪耀。

除了诗和田野，远方一样是柴米油盐

妈妈坐在门前，哼着花儿与少年
虽已时隔多年，记得她泪水涟涟
那些幽暗的时光，那些坚持与慌张
在临别的门前，妈妈望着我说
生活不止眼前的苟且，还有诗和远方的田野
你赤手空拳来到人世间，为找到那片海不顾一切

——许巍新单曲《生活不止眼前的苟且》

最近，微信朋友圈被许巍、高晓松，以及《生活不止眼前的苟且》，刷了一次又一次的屏。

其中的一些人，此前并没有听过许巍的歌。另外一些人，也不知道高晓松此前都经历过些什么。

或许是因为：

生活不止眼前的苟且，还有诗和远方的田野，你赤手空拳来到人世间，为找到那片海不顾一切。

这些有情怀、有代入感的歌词，深深地打动了他们。也许，是刺痛。

这都无关紧要了，重要的是，《生活不止眼前的苟且》这首歌旋律温婉，三段故事，娓娓道来。许巍一开口，不再年少的我们，瞬间泪如雨下，年少时的回忆瞬间涌来。

记忆里，高晓松、老狼、朴树、许巍，他们的歌一直伴随着我从上学到工作，从广西到山东，再到北京。

老狼说：

你走后依旧的街总有青春依旧的歌，总是有人不断重演我们的事。

朴树说：

有些故事还没讲完那就算了吧，那些心情在岁月中已经难辨真假。

许巍说：

这么多年你还在不停奔跑，眼看着明天依然虚无缥缈，在生存面前那纯洁的理想，原来是那么脆弱不堪。

如今，当轻舟已过万重山，当皱纹爬上额头，老狼已经变成“羊”，只剩下“老”字了。朴树已经成为吴晓敏的丈夫，在《平凡之路》出来前，他的吉他也已尘封多年。许巍说他已经学会了感恩，不再年少轻狂和愤世嫉俗。

他们对自己说，这是一种成长，少年终归要一天天长大，终归要离开家，去找寻自己的诗和远方的田野。而经历世事变幻和沧海桑田之后，回望当初的坚持和少年的背影，那颗心终会释然，只是时间早晚的问题。

《青春无悔》《那些花儿》《那一年》——那些能触动心灵的歌，我存放在了两个惠普笔记本电脑里，存在了手机里，存在了心里，每天不停地单曲循环，反复地听。虽然唱歌的他们已经或正在老去，但是那些旋律、那些情节感动依旧。

记得高晓松曾说过，老狼在唱《青春无悔》时哭了。还有人说：在校园民谣的背景里，那块纯净的幕布投映的是整整一代学子的记忆，永远揪心揪肺，无法释怀。

那一年，我大学还没毕业，没有拿得出手的工作经验，只是当过编辑，发表过文章，拿过稿费，获过奖，在足球队踢过前锋，但日子很慢，时光很美。

这一年，我大学毕业八年，成为一个资深的策划人和传播人，深谙职场之道，玩转 PR 和 EPR，拼策略，想创意，谈媒体，玩事件，弄活动，做 PPT，写稿件，充实而忙碌，或按部就班，或厌倦不已。日子很快，然而时光无迹可寻。

如果有可能，我宁愿回到一无所有的青春，我还是那个狂傲的写诗少年。

我去了很多的地方，那里有诗，有远方的田野，有一望无际的大海。

我发呆、拍照，写文，换种心情，回来继续生活。

然后，我想到了路明老师说过的话："向往的是远方，厌倦的是日常，走得很久才发现，远方一样是柴米油盐的样子。"

某个工作日的上午，给母亲打电话，跟她表示歉意，说自己清明节假期可能又回不去了，因为工作还没定下来。

从母亲的话语里，我能听出她的失落感。但随即母亲跟我说："不用着急，没必要非得找一个能挣很多钱的，找一个离家近的、不用总加班，总那么累的工作就好了，钱少就少一点，我和你爸能自己照顾自己，又不需要你养。"

那一刻，我的眼睛有些不舒服，赶紧抬头，从23层的窗户，仰望那片被雾霾笼罩的天空。

我很少与母亲聊起工作，当身边的人都关心我"飞"得高不高时，母亲关心的是我"飞"得累不累。

回到工位，对着电脑打字时，我想到了早上在地铁看的陈亚豪的书。陈亚豪说："梦想这个词有时又很悲壮，因为生活中实在有着太多的琐碎和责任需要我们去承担。当它和现实那面高墙碰撞时，总会留下一地的碎片，那是内心深处的渴望和无法逃避的现实碰撞后的失落与不甘。很多人就是在这一次次碰撞后不得不丢下曾经的梦想，横下心来为了生活而生活。可是人总要有那么一点盼头，那么一点好似不切实际的幻想，那么一点可以证明自己还没有变成一副皮囊的希望。”

对于这段话，我深表认同，并体验至深。其实，不管是留在北京的人，还是离开了的人，我们都只是想成为一个更好的人，我们只是希望在某一天身边的亲朋好友需要帮助时，我们可以站起来，用自己的力量为他们撑起一片天。

但迫于种种现实，我们需要走必须走的那条路，然后才能走自己想走的路。

在此期间，我们会把让人觉得矫情的梦想藏起。但在心里，却始终未曾放下。

大抵都是如此，我们一步一步地，从现在走到不远的将来。

虽已时隔多年，记得她泪水涟涟，那些欢笑的时光，那些誓言与梦想。

在歌声中，我们坚信——生活不止眼前的苟且，还有诗和远方。

虽然，生活还有诗和远方的田野，但远方一样是柴米油盐的样子。

不过，一场生活

虽然在北京工作生活了多年，但涉及“北漂”的话题，还是第一次提笔撰写。

亲戚家的小孩问我：教哥，我大学毕业后想去北京闯荡，你有什么建议吗？

小时候一起半夜去坟堆只为验证是否真的存在鬼魂的阿丁的弟弟问我：在柳州待麻木了，想去北京找点活着的激情，你觉得可行吗？

认识 17 年的同学阿立，在县政府里每天或上网打发时间或醉生梦死于各种酒局的他问我：我当初追求而实现了的生活，如今把我弄得跟行尸走肉一般，我想跳出体制，去北京重活一回，还来得及吗？

只因为我在北京生活了 7 年，经常会有熟识或半熟悉的人向我询问北京如何如何，值不值得抛洒青春和热血，我却不知如何回答，反而陷入更深的沉思和焦虑中，因为我怕自己的言辞会把他们引向一条日后滋生出“假如当初”等话语的路，而且无法浪子回头。

然后我看到了冯唐在《活着活着就老了》的书里边说：“像是每年如期上市的大闸蟹，如期飞舞的柳絮，每年，一批批的北漂小伙子带来扰动人心的才气和力气，一批批的北漂小姑娘带来搅乱人性的脸庞和乳房。”

他的这个比喻甚是形象，现实无比。但当我看到这句话时，心中却无悲情之感，脑中的第一反应竟然是：男的孱弱，没力气挤地铁怎么办？女的平胸，没事业线施展深V诱惑怎么办？

回过头去看看，多少人曾怀揣满腔热血来到并选择留在这里，感觉在帝都的每一次迎接日升日落，才是这个时代的弄潮儿。可当你义无反顾地把有限的青春献给身后这座城市，蓦然回首才发现也许你属于这里，可这里却从不属于你。

正如W跟我说的：“北漂的人当初都有过梦想，有过追求，有过一颗倔强而孤傲的心，也曾不懈努力，但当你脚踏在北京土地的那一刻起，无论将来发生和经历什么，无论当下做了怎样的选择和决定，大多数可能性的结果，也许都指向着你终将漠然离去。论调有些伤感，有些阴郁，但这个结果却是多数北漂的人生轨迹。”

2008年初来北京认识的一些人，已经陆续离开，可我的身后仍有意气风发的万千少年从四面八方涌来，在北京站，或北京西站，或北京南站，或北京北站，留下其灿烂的笑容和好奇神情的自拍照，在微信朋友圈里写着：北京，我来了！而与此同时，另一拨人的微信朋友圈里，配图是从北京（南/西/北）始发的火车票，写的文字是：

再见，北京；再见，青春；再见，自己。

当年那些打个照面的、熟悉的、热络的、关系好的，如今有的离开北京去了别的城市，有的回到老家创业，有的开了小店，有的做起微商，有的成了全职主妇，有的离开媒体圈，有的继续混迹PR圈，有的沦为阶下囚，有的化为尘土。

流年辗转，有些人突然就渐渐地淡出了你的视野，有些人“不谋而合”地就成了手机通讯录里永远不再拨打的一个号码，有些人仅凭N年前单反照片上的笑容让你知道他（她）存在过，有些人自此变成记忆里的一个模糊不清的符号，不知影踪。所有的成长，在看到的看不到的时间和空间里都无法被阻止。我们就这样一点一点走向成熟，趋向苍老，留不住退路，也忘记了来路。

周末，我路过第七中学，隔着学校的围栏向里眺望。《团结友谊进行曲》停止，做完课间广播体操的学生们，穿着统一的校服，以齐步走的姿势回到各自的教室，一如11年前的我们。

那些年，我们天未亮就起来背英语单词，半夜打着手电筒蒙在被子里记历史政治。那些年，还没有iphone 、kindle、美颜自拍。那些年，陪伴我们的只有书本、足球、自行车。其实，我们真正为自己努力，为自己而活的，也就那么几年。

如今，一年又一年，一不小心就再也找不到青春的痕迹。我只能隔着栏杆，放一首五月天的《后青春期的诗》，转身，离去。

“走了太远的路，总有不间断的牵绊和枷锁，阻碍着你做自己。有时候，我们甚至忘记了自己是谁，真正想要的是什么。不知不觉中，所有的奔跑和冲刺，都在一个劲儿地往别人希望你成为的样子在努力。”就像仲尼在《一个万人景仰的少年》里说的：人性就是这样，自由时我们竭力寻找财富；富裕时又怕现状不能长久而感到焦虑；到了富裕长久之时，人们又感觉到麻木而重新渴望自由。但谁又能真的回头？

小 N 问我，你在北京生活了 7 年，对哪些景点或地方印象最深刻。“火车站和 T3 航站楼”，我的回答掷地有声，干脆利落。然后，我听到了遍地钢镚落地的声音，这都是用车票一点点堆砌和夯实起来的印象呀！这些年，往返北京的火车票和飞机票足够绕北五环一圈了吧！

小 N 听完一脸鄙视，接着问我：“你说你有老多抱负，一裤裆能藏雷的理想，最后不还是得回归到柴米油盐酱醋茶的现实里。这也是一种妥协吧？”我说：“不，这才是人世间最平实最温情的烟火。”他刚要伸出大拇指赞叹，我随即扔下冰冷的一句话：“这是真话才怪呢！”

小 N 说他心里一直藏有三个从未与人提及的梦想：一次说走就走的旅行，一个说放手就放手的女人，一段说结束就结束的人生。在我还没来得及打压他时，他突然阴沉着脸问我：“一个人应该用一生去明白欲望就是虚幻呢，还是用一生来追求一个又一个欲望的满足？”

我心里咯噔一下，直接怒骂：“你能不能不每一次都把吃喝拉撒睡的问题上升到哲学高度，接着让我这个从没信仰的人来回答，然后你搬起凳子坐在一边静静地看我扯高大上。”

骂完以后，我还是会装出一副阅尽人间繁华的样子，然后意味深长地告诉小 N：很多人都讨厌市侩的成长，但成长本身并没有错。

只是成人的世界有时就是这么简单、现实、粗暴、残酷，小王子和它的星球只能活在童话书和电影银幕中。而观众，活在现实里，早已泪流满面。

去北京站送别小 T 时，我俩面对面地站在站前广场，他习惯性地从裤袋里掏出点 8 的中南海，叼在嘴里，刚要点火，被我一句“公共场所不能吸烟”吓得打火机落地。他把烟插在我衬衫的上衣兜里，说：“我离开后，你们在北京聚会时，记得给我留个空座，我好知道你们还没有忘记我。”说完他用拳头捶了一下我的胸口，同时嘀咕了一句：你要好好的！然后径直走向安检区，不再回头。

留在我们记忆里的，只剩下躺在冰冷地面上的那个写有“北京欢迎你”的打火机。

回家的路上，站在 2 号线地铁里，看着身边的人或无聊地刷着微信朋友圈，或紧紧攥住手里的各式行李，或张着嘴巴靠着车窗睡觉，或左手一口鸡蛋灌饼右手一口牛奶地吃着早饭，我禁不住问自己：“北漂”到底哪里好，到底哪里不好，这个问题的答案自始至终都是“无解”。

北京的好，也许更多的是丰富了过来人的人生阅历。正如微博大 V 作业本离开北京前，在《致以前在北京奋斗的你们和正在北京奋斗的我们》所说：“时间不会给你答案，也不会证明一切，更不能证明你当初的选择是对的，时间只是给你一个过程，在这个过程中，你要通过长久的努力甚至拼命地坚持来让答案符合预期，让结果是你想要，使选择无后悔可言。”

北上广的眼泪

小G跟我说：北京是一个冷漠的，没有人情味的城市。它被繁华、喧嚣、文化气息粉饰得看似天下太平。

对此，我视而不见，听而不闻。任凭他摆出一副“哀其不幸，怒其不争”的姿态。一阵风吹过，银杏叶和雪花同时飘落，我惊叹好久没看到如此美景。

其实，我何曾不知，怎能不明。三里屯的夜生活再精彩，798的艺术再唯美，国贸三期再高耸，大小老胡同再翻修，天安门的游客再多，地铁线路再四通八达，光鲜生活的背后，你的一亩三分地可能好久都长不出你期望中的果实，其实更多的是欲望。

把人快挤成纸片的地铁，加班到深夜的格子间，无暇顾及谈恋爱的剩男剩女，买得起车摇不到的号，租得了二环的两室一厅却买不起五环的一室一厅，推不掉的应酬，喝不尽的酒局，做不完的梦，望着这个城市的万家灯火，你却不知心里的灯在何处。

世间百态，人情冷暖，岂是一部 44 集的《北上广不相信眼泪》就能描摹得清，演绎得真，对白得明。

凤凰评论专栏《自由谈》里的江夜雨说：“在表姐眼中充满‘人情味’的小城市里，我见过一个月喝喜酒送出几千红包的年轻人，不愿意为孤儿捐几块钱；忙着给家里孩子介绍对象的热心大姐，暗地热衷传离婚女同事的闲话；为了家人上学、看病打点关系的能人，从来不愿意给老人让座；为朋友两肋插刀平事儿的官员，回头就能对老百姓威胁索贿……”

其实，他很清楚“人性大抵相同，并不会因为城市大小就有冷暖之差。北上广的‘不相信眼泪’，对于大多数普通人而言，是不相信自怨自艾的软弱行径，不相信不劳而获的白日梦，不相信没本事的大学生靠求人就能找到工作，不相信找遍八竿子打不着的远房亲戚就能在最好的医院排上病床……”

正如《北上广不相信眼泪》的台词所言——你过上了电视剧里那种生活，才发现演员的演技真的是差远了。

其实，只要你去北京站、北京西站、北京南站、北京北站停留一会儿，抽根烟，喝杯咖啡，听首歌，发会儿呆，就会发现：逃离北上广和逃回北上广的故事，每天都在上演，不断交叉着，重复着，比《北上广不相信眼泪》更真实，更催人泪下。

而身处这几个城市、准备离开的人，或许还未曾痛快地哭过，用心地流泪过，能流下和留下的只有拼搏的汗水。

小松问我：等到有一天离开北京了，你觉得留在你记忆里最深的会是什么？

我想了很多种可能：在第一份劳动合同上签字时如签卖身契一般悲壮；2008 年北京奥运会时，去现场观看的那场篮球赛；在北京看到的第一场雪；第一次在天安门看升国旗；2009 年的国庆大阅兵；北京的那次暴雨；大望路的堵车；蟹岛的第一次线下媒体交流会；加班归来看着末班车离开站台的某个夜晚；T3 航站楼的飞机晚点；拥挤的地铁八通线和昌平线；切掉扁桃体的人生第一次手术……

太多瞬间，太多画面，太多记忆，但都不足以雕刻这七年的北漂时光。唯有北京市政交通一卡通的那一张张充值发票，才是完整地记录了这七年的足迹。去掉没拿发票的，去掉送给朋友用来抵税的，去掉自己报销用的，还剩下 137 张，13700 元。

那些地铁，那些公交，那些白天，那些黑夜，那些青春，那些孤傲，那些生活，那些理想，那些走过的路，那些流于文字里的故事，那些听过的歌，那些看过的风景，都凝结在这些发票里。

卡尔维诺在《看不见的城市》里说：“城市犹如梦境，所有可以想象到的都能够梦到，但是，即使最离奇的梦境也是一幅画谜，其中隐含着欲望，或者是其反面——畏惧。”

而北京，对于每一个身处其中的人而言，同样蕴藏着欲望和畏惧，不分强弱。

我们总是认为自己还很年轻，从孩提、学生时代到成人、初涉社会，即使遭遇挫折也坚信明天会更好。于是，我们浪费每一个短暂的午后，每一个无人的清晨。然而，时过境迁中，看着大街小巷里那些衰老的背影，我们仿佛看到了自己未来的模样。他们曾经也像我们一样，进入陌生的城市，为爱情、荣耀、梦想肆意挥洒青春，憧憬着未来。可时光荏苒，容颜老去，曾经的他们和现在的我们有何不同呢？

多年以后，当你开始靠回忆活着时，你可能忘记了长安街的宽阔、天安门的宏伟、人民大会堂的威严、长城的巍峨、故宫的博大、三里屯的豪车美女、CBD 的高楼林立、海淀的名校、798 的艺术、后海的酒吧、簋街的小吃、地下通道的歌手、西直门的迷宫交通……在你的记忆里，这个城市的繁华和迷离或许会慢慢褪色，你记住的可能是那一双双手——用尽全身气力，使劲抓住扶杆，能让自己挤上地铁，不至于被挤下去和上班迟到的手；还有那个被夹在逼仄的人群里，仰着头，思考生命、生存和生活的眼镜男……

有时候，做出离开的决定，仅仅是在某个场景下，一念之间的事情。定居深圳的前同事跟我说起当初选择离开北京的原因，就像聊家常一般，谈笑风生。听完后我只说了五个字：任性，有魄力。

他说他是个急性子，有一天下班的时候，地铁和公交车上人都特别多，特别挤，当时他手机和 PSP 都没电了，他就像根木头一样立在车上堵了两个小时，心里顿时生出一种绝望的感觉，然后当时就做出了离开北京的决定。

而依然生活在这个城市里的人，花了很多时间去寻找物质的满足，每日上下班看到地铁里冷漠木然的人群，才明白：苦的不是物质，而是我们的内心。

我站在远洋国际中心的 22 层，隔着挂满雨滴的窗户眺望，远处还是各式各样密密麻麻的高楼大厦。除了名称、外形和构造的不同，其他并无二致，都是一样的“囚禁”着很多人，很多心，很多故事。

在每一个清晨和午后，在每一个白天和夜晚，在每一个大家互道“早”和“走了”的格子间里，我们不断地挣扎追问：是让岁月消逝在枯燥的计划和脑子里，还是让它沉醉和行走在如画的风景里？

然无解，再往复，终习惯。

不过，一场生活。何不，一饮而尽！

明天，我们会变好吗？

你说，所有的寻找，都是为了抵达一场生命的纯净。可是很不幸，我们生活在一个充满希望和鸡汤成灾的世界里，各种成功学书籍、励志演讲，以及充满正能量的功成名就的个例，环绕和填满了我们生活的周遭，但这并没有什么用。

这种时候，你需要吃暗黑料理和泼冷水来清醒自己，或者，听一首让人心生绝望的歌。

我只有两天，一天用来出生，一天用来死亡……还是飞不起来，依然需要等待……

这是我最喜欢的一首歌——许巍的《两天》，记得韩寒在自己的第一本书《三重门》里也提到过这首歌。

这首歌的歌词简单明了，却夹杂着希望和绝望，纯净如初的希望，暗无边际的绝望。许巍喜欢用一把木吉他来弹奏，沙哑低沉的声音，阴郁压抑的曲调，给听者讲述了一个悲伤的故事，告诉听者这个世界没有我们想象的那么美好,却也没有我们想象的那么无趣。

不知道为什么，年少时一下子就被许巍的歌吸引，也许是喜欢上了这些如诗般的歌词，也许他有着让人心生悲悯的声音，也许是他的歌声里传递出的种种情感——真实，绝望，却不失希望。

还在上学的那些日子，我反复地听许巍的歌，从《两天》到《悄无声息》，从《在别处》到《蓝莲花》，从《那一年》到《故乡》。当时很喜欢在暗夜的宿舍走廊里听,一个人静静地聆听,一遍又一遍,从夜幕听到黎明，从入学听到毕业。

我的每次飞翔，总在漫无目的的路上。我的每次歌唱，总在每一个夜里飘荡。

小松说每次加班后的夜晚，他都会单曲循环地放着这首《青鸟II》。1500 平方米的办公区里，只有许巍的音乐和 PPT 伴着他，给他继续保持“梦想还是要有的，万一实现了呢”的勇气。

我知道，小松一直都很喜欢民谣和摇滚，因为他的骨子里始终还残留着对现实的反叛和不屈的精神。所以，他喜欢听黑色的歌，能带给他真实的感动，让他看见最初的纯净。

小松说，他现在特别喜欢去他家附近的首都师大，在里边四处晃荡的时候，偶尔能找回一些当初的热血和激情，以及那些再也回不去的昨天。

我知道，7年前喜欢在学校里窥视美女的他，如今已没了那份“赏花”的心情，因为岁月老去的同时，也带走了我们荷尔蒙暴涨的青春，带走了我们对生活的浮想联翩，以及我们对未来的那份无限憧憬。现在留给我们的，只有惦念，只有回忆，以及对往事的不堪回首，或是追悔莫及。

我们现在每一次见面，吃饭的时候从不喝酒，只是不停地聊天，偶尔也会沉默。饭桌上的话题从大学的那几个舍友聊到毕业后各自的工作、生活，然后转到爱情、婚姻、家庭，聊着聊着最后又聊回了大学时光，然后我们在一声叹息声中吹灭了回忆的火苗。

与小松约聊的每一个午后，特别适合听许巍的《那一年》，让思绪在车来车往漫起的灰尘里乱飞——

那一年，你正年轻，总觉得明天肯定会很美。那理想世界，就像一道光芒，在你心里闪耀着……

也许，每个人都可以在自己喜欢的歌声里找到自己的影子，从而借别人的声音来感受自己的情绪。也许，每个人都有不为人知的一面，因为我们生来不同，彼此熟悉却又陌生。

还记得阿闯在离开上海的时候对我说，有时候不是不懂，只是不想懂；有时候不是不知道，只是不想知道；有时候不是不明白，而是明白了也不知道该怎么做。于是就习惯了沉默，习惯了一个人，习惯了在黑夜里点着烟却不吸，只为有那么一点亮光，能让自己重新找寻希望。他在 QQ 上跟我说，他离开的那天，上海下了好大的一场雨，天空阴暗得让人喘不过气，甚至有人因此惶恐尖叫。也因为这场大雨，他唯一的行李箱也被他丢弃在阴冷的雨中，孑然一身坐上了南下的火车。对他来说，也许，丢掉行李箱也就丢掉了自己在上海的所有记忆，包括最狗血的那段曾以为一文不值的青春，还有那个坚守到最后却惨不忍睹的梦想。

当我准备好如何回复或者说是安抚他的时候，他的 QQ 头像已经变灰，如同他离开上海时一样悄无声息，如同许巍的《悄无声息》——

总在每个黄昏，每个孤独的夜，我在我的世界悄无声息地走，我用幻觉触摸你那遥远的美丽。在每个夜里，等待。依然是这样的夜晚，我还在路上。

是的，阿闯还在路上，始终都在我所不知道的路上，抱持着他所有的幻想和希望，飘荡着，迷离着，幻梦着。

人有时候就是很奇怪，而且有些犯贱，总是在时光成为过往以后，才知道当时有多美好。明知不可能再走回旧日的路，却喜欢在一次次的缅怀中痛击那颗早已千疮百孔的心，因为回忆中留给我们的不是些许甜美，而是更多的惆怅和忧伤，最重要的是还有很多的不甘。

那已经是 2015 年的夏天，时间在流逝中无意间带走了很多东西——大学时光、毕业、离别、感伤、梦想、青春，还有一些年轻时摇曳的茫然和对人生的质疑。只是回望的一瞬间，北京的上空已经一片雾霾。

这一年，小默成了国内最牛 PPT 论坛的版主，成了图片网站的合作摄影师，成了文学网站的签约作家，成了微信公众号的专栏作者，成了业内很多公司争抢挖墙脚的香饽饽。

这一年，小默刊发了很多文章，拍了很多照片，去了很多城市，撰写了很多稿件，策划了很多看似很牛实则胡编乱造的公关创意，做了很多以页计费的炫酷 PPT，认识了很多作家、艺术家、设计师、记者和摄影师，他在他喜欢的领域里忙得不亦乐乎，玩得风生水起。

这些似乎都是小默曾经的爱好或是梦想，但似乎又都不是。然后，第二天到达公司，习惯性地打开电脑，收发工作邮件，面对自娱自乐的 PR、EPR 和 Social，面对自欺欺人的 KPI，面对自怨自艾或自我激励的微信朋友圈，他发现当他醒着的大部分时间都放在工作上，就希望能够保证这些时间用在自己真正在乎的地方。要不他会觉得，活着毫无意义，人生毫无价值。

可是，他已经不知道自己到底想要什么。他厌倦重复，厌倦身上所有的光环，厌倦周遭的一切，连同他自己。

他不断地问自己：现在的你，还是自己曾经喜欢的样子吗？然后他听到了另一个自己的回答：这，就是生活。然后，他扔掉思想，默默地从 64 层的天台上顺着楼梯一步步走回公司，打开电脑，收发工作邮件……

开往西二旗的地铁昌平线，车厢的空间很逼仄，人们挤在一起，前胸贴后背，屁股贴腹部，脑袋贴肩头，眼睛贴嘴巴，手机贴手机。

人们随着车厢晃动，像无根的浮萍，一个个漂浮不定，疲惫不堪。小默听着李志的《这个世界会好吗？》——

妈妈，我会在夏天开放吗？像你曾经的容颜那样。妈妈，这种失落会持久吗？这个世界会好吗？忘记一些隐秘的委屈，在回头观望的时候迷失了自己。我的正在老去的身体，从某一天开始就在渐渐逝去，妈妈我爱你。

音乐停止，他滑动解锁手机，选择了单曲循环，心里再一次生出逃离这个城市的声音。

小默问我，我们会变好吗？我说会的，一定会的，凤姐都去了美国了，我们也不会很差的，毕竟我们都是读过中国四大名著和外国古典文学的人。小默说，其实我们的明天就像硬币的正反面，你只是永远猜不到是哪一面先落地。

你有没有看到自己眼中的绝望，你有没有听见痛彻心扉的哭声，你有没有感到心如花朵般枯萎，你有没有体验到生命有多无可奈何。

一段时间以来，我一直在听汪峰的《硬币》，一遍一遍重复地听，不管是在乘公交车、地铁、出租车，还是走在加班后的寂静街道上，或是在漆黑的一个人的夜里。听着听着，我就听到了支离破碎的声音，就像岁月的流逝一样，不留半点痕迹，却从我们的面庞和心间读到了“苍老”这两个字眼。

“你有没有看见手上那条单纯的命运线，你有没有听见自己被抛弃后的呼喊，你有没有感到也许永远只能视而不见，你有没有扔过一枚硬币选择正反面。”很多时候，我会把自己的心以及姑且还能称之为梦想的东西安放在一个无人问津的角落，永远不去触碰，永远不再提及，只是远远地观望，只是静静地聆听。也许那颗心和那个梦就此尘封，连同我的人一起，在岁月的流转中渐行渐远。

六一儿童节的早上，我在地铁 8 号线里给一个背着比我电脑包都大的小学生让座，他很友好地跟我说了声：谢谢叔叔！落座后，他拿起手机开始刷微信朋友圈，然后带着疑惑和不耻下问的眼神问我：叔叔，为何你们都一大把年纪了还在六一这天装纯卖萌呢？我说，因为人长大和成熟后都会变成狗。然后我们会像狗一样忠于如粪土的金钱，善于巴结，善于察言观色，善于装疯卖傻，善于四处撒欢野合播种，善于狗眼看人低，善于狗仗人势。主人只要跟我们说，“走，带你出去溜（六）”，我们立马就回答“咦（一），好耶！”所以，“六一”也是我们的节日。小学生鄙夷地看了我一眼，说道：“你们大人真会玩，但这并没有什么用。”

面对小学生的“挑衅式”回答，我竟无言以对。正在想着如何化解尴尬时，“霍营站到了”的广播如同救命稻草一般从天而降，我顺势快步冲出了地铁逃之夭夭，赶去换乘地铁 13 号线。

当时光不再，当岁月那把杀猪刀把我们一个个雕刻成路人甲路人乙，当墙后那道斑驳的影子瞬间如抖落的烟尘霭霭落下，我依旧猜不出硬币的正反面，如同我不知道岁月苍老了谁。

虽然我们的青春都被狗吃了（也许你的青春只被吃掉一半），

虽然在这个夏天，我们接二连三地走在奔三的路上，但我还是希望你们能像小松用的手机铃声一样，微笑着淡然地对我说：

我相信我就是我，我相信明天，我相信青春没有地平线……我相信自由自在，我相信希望，我相信伸手就能碰到天。

“明天，我们会变好吗？”

我拿出一枚一元的硬币，使劲抛向空中，然后头也不回地朝前走，一直走。不去看，也从不去看是哪一面先落地。

也许是那个夜晚的温暖还吸引着我，也许我只是想确认一下，那些简单、庸常、朴素、真实、年轻的爱情是不是正在上演。

你要找寻的，岂是别人的天空

再见我的眼泪、跌倒和失败，再见那个年少轻狂的时代，再见我的烦恼，不再孤单，再见我的懦弱，不再哭喊……

九月的最后一天，你背着一个装有两本书、一个 Ipad 和一瓶茉莉清茶的包包，站在国贸三期的楼下，用手机听着南征北战的《我的天空》，再次回到“寻找”的路上。

你说你要自我放空，自我加持。你说你要远离人山人海，远离都市喧嚣，远离城市繁华，去到一个人烟稀少的地方，在异乡寻找一种叫作“秋天”的味道。你说你要在远方感受“落霞与孤鹜齐飞，秋水共长天一色”的尘世胜景，去见证和感知收获的喜悦。

英伦才子型作家阿兰·德波顿认为：火车对思考最有利，因为坐火车看到的景色，不像船或飞机那样单调，速度不会慢得令人生气，也不至于太快，让人还可以分辨窗外的事物……思考大的东西需要大的景观，而新的思想需要新的地方，借着景物的流动，内省与反思比较有可能停驻，不会一下子就溜走了。于是，你也回到了火车上，开始有意识地反思与自省。

那一天的旅程，沿途下着小雨。你透过车窗，目之所及皆是金黄色：玉米叶子、银杏叶、盐碱地上的杂草。北方的秋天，到处挥洒着成熟和丰收的盛景。

你转身回到座位上，拿出纸笔，在日记本上写道：我只是一个生活的记录者，总有一些时光，总有一段旅程，留存于我的文字，我的音乐，我的片子中，虽然我们都有了个当初不曾料想的以后。

这是一座北方以北的小城，这里有一座烈士纪念碑。书里说“忘记历史便意味着背叛”，可是有些人似乎已经习惯了“历史就是用来改编成剧本和遗忘的”。人们能记住的只有那些有名有姓的先烈，对于更多长埋地下的无名英雄，以何祭奠和纪念呢？

对于这种超现实的问题，W 一次又一次地告诫你：“所有跟人有关的场面，都是好玩但却是异常容易输掉的游戏。你手上无论有多少副豪华的赌具，都不要再对人预言了。”

于是，你选择在蓝天白云下，对着威严纪念碑，敬了个军礼，默默地瞻仰。

挫折和离别不过是生命中的点缀，过了多年我才读懂了家人的眼泪，发现原来自己没有说再见的勇气，如果没有离别如何学会承受打击，如果没有跌倒如何能够学会爬起……

太多的节日，你已经习惯了在他乡度过。11 岁的时候，你远离父母，开始在外独自生活。从初中到高中到大学再到工作，你在不同的城市已经漂泊了 19 年，见过太多人情世故和一些阴暗面，好在你始终没有变成一个坏人，心里的善意依旧留存心底。

初中印象最深的是，有一晚去学校保卫科的宿舍借宿，校警跟你说等他出门后你就把门反锁好，不管发生什么，不管谁让开门，都别开，直到他回来，说完他就出了门。后来得知原因，一群小混混当晚攻击了学校校门。

还有你参加的那场在大雨中踢的足球赛，已经忘记了谁先动手，只记得场上的人以及从宿舍楼上冲下来当帮手的人，最后混战到一起，每一个人身上都是雨水、泥巴还有鲜红的血。打到最后，也不知道是谁流的血。相比于现在一些年轻人群殴一个人，或者打完拍裸照上传羞辱，那时的人也打架也凶暴，但存有起码的人伦道德。

见过太多的事情，你慢慢收起自己性格里暴烈的一面，不是变软弱了，只是学会了如何更好地善待别人和世界，学会与内心和解，学会与自己握手言和。所以，现在的你，极少去评论身边的人和事，或给人贴标签。毕竟，世上根本不存在感同身受这一回事，每一个人的选择自有他不得不这样的因果，可以不苟同，但可以学着理解，只要这种选择不是世俗观念里的大奸大恶。

中秋节的晚上，你架起三脚架，把单反相机的焦距拉到 250mm 端，调好快门线，静静地等待超级红月亮的魅影，以及从往年的秋天吹过来的秋风。

只是有些遗憾，那一个期盼已久的夜晚，除了乌云，你连月亮的身影都没见到。

在无尽的黑夜，所有都快要毁灭，至少我还有梦，也为你而感动，原来黎明的起点，就在我的心里面，只要我还有梦，就会看到彩虹，在我的天空……

在松花江的上游嫩江，临近日暮，依旧有许多人在江边垂钓，或者骑行，或者慢跑，或者独步，或者烧烤，或者沉思，或者拍照。其间，你问一位垂钓的老者：大爷，您一天能钓到多少鱼？老者笑言："水非水，鱼非鱼，生活非生活。何来能与不能？何来多还是少？"听完老者的回答，你也会心地笑了，"河里的倒影，何尝又不是生活"。

回到旅店，连上wifi，你看到了W在QQ上给你的留言：你找到那片曾经失去的天空了吗?

你抬起头，看了看挂满红色晚霞的天空，回复W：不少人个体自主意志、群体非理性盲从，我要做那一小部分人，用手中的笔，独思的字，写尽众生的欲望和期待。

离开故乡的这些年，从这座城市到那座城市，在飞机上、在火车上、在轮渡上、在长途汽车上、在地铁上、在公交车上，你始终静静地体会夜晚里坚实的土地，风的感觉，以及沉静的声音。而时间，就像一幅素描画，绘制了所有的过往和故事，你说你要把它装裱于心底。

南征北战在《我的天空》里唱到：

亲爱的朋友们是否已经展翅纷飞，不飞到高处怎么开阔自己的视野。

在旅途中，你总是反复听着这首歌，回过头看着关于那座说不清道不明感情的城市，关于这段随时都有可能戛然而止的旅途，关于留下来的、离开了的，身边人的故事。然后告诉自己：你要把属于自己的那本书，留到时光的最后的最后再写。因为曾有人说过，一个人一生只能写一部小说,接下来的也只是不断地复制自己而已。

启程，返京。从一个城市到另一个城市，从一个火车站到另一个火车站，从一个擦肩而过的路人到另一个擦肩而过的路人，总有走不完的路,望不尽的天涯,不曾涉足的风景,在未知的未来的远方，在目之所及和目之未及的别处，在有归期和无归期的流年，经转，等待，相遇，回望。

做一个带着勇气和好奇出发的 Funny Man

8 月 23 日，处暑。被“阅兵蓝”环抱下的北京，早晚开始有了凉意。

周五与小川去黑松白鹿吃了告别宴，席间不免俗气地又聊起了工作和生活，还有不知道存不存在的未来。他要离开待了三年多的地方，从东四环到北二环，再到东五环。我看到他头上生出了熠熠生辉的点点烟气，然而他并没有多大的愉悦感，因为这一切终将与他无关。因为他原先的广告公司要搬到东五环，可他住在北五环，他实在无法忍受每天把两个小时的时间耗费在地铁里。于是，他选择了辞职，选择了再次寻找和出发。

这一年的夏秋之季，我们陆续开始了新的选择之旅，却难言好坏、对错、成败。因为从某种意义上来讲，生命本来就是一场一开始就注定了结果是“失败”的战役。我们生活在各自生命的竞技场上，为了生存或生活而斤斤计较或忙碌不堪，而“死亡”将成为等待在我们生命尽头之岸的最终字眼。不可选择、前仆后继地出生，充满希望、奋力拼搏地活着，最后又不由自主、无可奈何地从这个世界上消失，这就是我们每一个人的生命三部曲。就像20世纪法国最重要的哲学家之一萨特晚年回首往事时所说："没有任何东西曾使我感到失望，我写过书，我生活过，我什么也不遗憾。但是，生活给了我想要的东西，同时它又让我认识到这没多大意思。不过，你又有什么办法呢？"

"不过，你又有什么办法呢？"的反问就如同"我有一个梦想，曾经"这句话一样，给人一种无可奈何的希望着的期许感。这种感觉，北漂的人体会最深。

太困太累了，先小憩一下。对于北漂的人来说，每一个人都很难说清北漂对于自己而言意味着什么，原因很多，解释很多，理由很多，答案很多。

也许是因为生存，也许是因为生活，也许是因为羞于提及的跟鸡肋一样食之无味弃之可惜的梦想，也许是因为一个人，也许是因为一段情，也许只是因为这个城市是北京，也许什么都不是。

一个看了我的文章《我们都有了个当初不曾料想的以后》的读者跟我说，他北漂五年，如今回到自己出生的小县城报考事业单位，却愈发地迷茫。来自父母和身边同龄人的压力，让他倍感煎熬。其实，每一个选择留在这座城市和离开这座城市的北漂人，都一样迷茫，一样不知所措。因为对于漂浮不定的我们来说，未来是可期的，却也是无法预知的。我们嘴里轻描淡写地说着"不过，一场生活"，可我们的内心想的却是"不，过一场生活"。

9月的第一天，阴沉的天空下起了淅淅沥沥的小雨，随之而来的可能是暴雨倾盆，也可能是天高云淡。可不管到来的是什么，生活终究只是一场生活。就像程浩在《站在两个世界的边缘》里说的：也许我们无法明白“活着”的意义，但是我们已经为“活着”付出了太多代价；也许我们无法实现自己的梦想，但是我们已经为梦想流下了太多泪水。我们能做的，仅仅是在这条路上走得更远，绝不能回头。天堂未必在前方，但地狱一定在身后。

站在每天上下班必经的路口，W 跟我说他要沿着这条路，穿越整个城市，冲破所有的藩篱。但是，他可能不知道，夕阳的背后是更深的乌云，日暮的背后是更暗的夜色。也许，他只是假装不知道。

我说，你下班后是不是忘记吃药了，又开始肆意呻吟，不加克制地犯起矫情病了。

W 说既然如此，那就让我回到起点，慢慢走着、病着，归与不归，只是一条路。就像北野武在自传里坦言：无聊的人生，我死也不要。

遗憾的是，我和 W，谁也不知道，如何才能成为一个有趣的人，而且是始终有趣。因为我记得曾有人如此说过：有趣，即是最大的才情。可我却坚信：故事外的故事才是生活里的生活。

然后 W 打断了我飘飞的思绪，强行插入他那令我感到冰冷和窒息的问话：你说到底有多少人能选择自己的生活？到底有多少人能实现最初的愿望？到底有多少人能做自己感兴趣的事情？

我怔了一下，然后顿了顿，开始滑动手机解锁，给他放了一首贰佰的《狗日的青春》：

我们的人生竟是如此相同，流干了理想的血都来不及歌颂，日子一天一天就这样过去。

在曲终人散尽之前，我告诉 W："不忘初心，方得始终"是最没什么用的心灵鸡汤。

W 说："无尘，你又给我煮黑暗料理了。其实，你知道吗？我更喜欢村上春树在《奇鸟行状录》中说的一段话：'你肯定想不出那是怎样的人生。而人一旦习惯了自己总是有求不得的人生，久而久之，甚至对自己真正需求什么都渐渐糊涂起来。我就是这样，想要什么都不知道。偶尔会有愿望，但不多会儿就放弃了'。"

在我还在回味喜欢跑马拉松的村上春树大叔的话时，W 却哈哈大笑，向着地铁一号线绝尘而去。

时间走到 9 月，夏天已经渐行渐远，久违的蓝色渲染天空，秋蝉还在枝头做最后的告别。我打开电脑，退掉去往海边的动车票，订了飞往深圳的航班，然后直奔香港和澳门。

9 月的第一天，再次率性而为，任性出发。只为答应过自己的旅行，就要拿出勇气去实现。也许，我只是厌倦了一成不变的生活；也许，我只是想途经一段陌生的风景；也许，我只是为了遇见旅途中擦肩而过的路人：也许，从来就没有任何的因为和所以然。

其实，不管是我、小川、W，还是我身边熟悉或陌生的很多人，我们都在不断地选择离开，只是习惯了粉饰告别和生活。而我，一直记得因生活所迫只上过小学二年级的父亲说过的话：脚下的路和远处的山，除了你自己，没有人可以替你走，也没有人可以替你到达。

于是，我选择了背起行囊，用秋天收割夏天，用生活换取生活，用面孔遗忘面孔，用陌生迎接新生。未来的路虽然依旧荆棘遍布，依旧难以预知，依旧不可掌控，但仍旧唯愿自己不被生活磨灭初心，一直做一个带着勇气和好奇出发的有趣的人，让故事不只是故事，让生活不只是生活。

＊ ＊

人生就是一场旅行，就是你在一个陌生的地方，发现一种久违的感动。

生命是时时刻刻不知如何是好

你离开自己多久了？人生永远没有太晚的开始，把时间浪费在美好的事物上，做自己喜欢的事情就对了，这个世界总有人会懂得你的坚持。

此去经年　别来无恙

一旦书写到时间，连空气都变得文艺和伤感起来。

随着年岁的增长，我较之以前变得愈发沉默，不愿意与人争辩是非，也不愿意妄自评论。尽管如此，走在前往 798 的路上，吹着三月和煦的微风，踩着三月暖阳的影子，我也不能对过去这一年无话可说。

上周四下班后，在地铁线 13 号线望京西站，从上海打来电话的小威问我，咱们认识多长时间了？

我说十年。

“十年。”小威重复了这两个字，然后停顿了许久，其间我们都沉默着。

在喧闹的、拥挤的、充满了摩擦的地铁里，我却无比清晰地听到了戴在左手手表上秒针走动的嘀嗒声。“十年，时间都去哪了？”与其说小威是在问我，不如说他是在对自己说。

大学四年，毕业六年，一转身，一回头，还来不及笑谈时光，就只剩下回忆，匆匆而过的十年青春的回忆。

周六跟小川去字里行间书店参加最美女主播宁远的新书分享会，台下坐着的、站着的那些陌生的面孔，一如当年的我，内心澎湃，对文字无比痴迷，纯粹眷恋。

在“一茶一坐”吃饭的时候，小川问了我一个似曾相识的问题：咱们认识多长时间了？

我说五年。

“五年？”他夹着台湾三杯鸡鸡胸的手顿时怔住了。

“有那么久了吗？”他问我。

我说有了，咱们2010年认识的。

然后他也说了跟小威相同的话：这么快呢！时间都去哪了？

2014年，我29岁，体重保持在51公斤，每天坚持听着音乐走一个小时的路。

这些年，我一直没有停下前行的脚步，背着包拿着单反相机走了好多路，拍了好多照片，遇到了好多人，听了好多故事。

旅途中我有个习惯，总是喜欢跟比我年长的人聊天，比如王姐，比如薛总，比如在路边晒太阳的大爷，因为他们不管是从身体上还是灵魂上，都有一份岁月遗留下来的积淀和从容。除了谈谈人生，聊聊家常，他们偶尔也会和我说起人生的遗憾，往往都是一些没有机会去实现的年轻时的梦想。日子一天一天过去，越过白天越过黑夜，越等越拖越老，离初心也越来越远，最后丢了自己，也遗忘了当初以为可以奋不顾身去追寻和实现的梦想。

最后跟很多人一样，梦想变成了偶尔在梦里想一想。

但是，我的好友阿呆除外。

阿呆说，远方就是欲望本身，不同的人心里藏着不同的原因和方向。把我们捆绑和束缚住的，从来都不是日渐增长的年龄，而是一颗疲惫、乏味和无趣的心。

他比我小一岁，他常说“与其过无趣的人生，不如死在路上”。如果遵循普通人的生活轨迹——读书、毕业、工作、恋爱、结婚、生子、买车、买房、还房贷、养老、等死，如果一生就这样按部就班地度过，好像过于贫瘠和无趣了些，不像真的活过。

我知道，世上从来就没有两全其美的事，你要去追寻 A，那就得放弃 B。取舍不同，代价也就不同。只是大多数人都会选择安逸或将就，而阿呆选择了不让自己的人生遗憾。

他对我说：我曾经也不敢去冒险，不敢去尝试和开启人生各种新的可能。我怕失去自己好不容易建立起来、好不容易拥有的一切。可当我想到，如果在我即将死去的那一刻，我还有很多未能完成的心愿和承诺，而自己才是那个让自己空留遗恨和死不瞑目的始作俑者。我就无畏无惧，放胆去做了。

阿呆说他曾怪自己出身不够好、薪水不够高、脸蛋不够帅、身高不够修长、声音不够磁性；也怪为什么生在这里，而不是生在别处。他说他的心曾被怨恨填得结结实实，结果除了让自己面目更加丑陋外，什么改变也没有。

后来他不再逃避不再抱怨不再向外索求答案，而是开始向内心看，看清了自己的怯懦和无能，问清了自己的心要去向何处。

然后走上了他喜欢的路，做着自己喜欢的事情，成功也如期而至。现在的他，活得丰盛，快乐并坚守着。

不相往来各度流年

木心先生说过：生命是时时刻刻不知如何是好。即便如此，过去的一年依然是个情怀满满和深情熠熠的年份，依然是个追忆青春和梦想的年份。

这一年，我看到这座城市每天都有人离开，每天都有人前来。谁也不知道自己的明天会在哪里？行囊依旧，只是初心不再。最后唯一笃定的，只有时间。

阿陌说他在现在的公司马上就待满三年，他疑惑：这三年怎么总是遇不到一个生命中的贵人呢？遇不到贵人也就算了，还总遇到一大波“贱人”！

他跟我说，无尘，我又开始执念于心，滋生出分别心了，快帮我找找你师父，让他开解一下我。

我说，我都十年没见过我师父了，我都从无尘变成满面灰尘了。

阿果说，他今年也 29 岁了，他现在好焦虑。他说他还来不及弄清楚自己想要什么，皱纹已经爬满眼角了；他说他还来不及表白，对方就已经结婚了；他说他还来不及直言不讳，就开始言不由衷了。

时间就这样杀死了所有的从前，我们所热衷的生活，也被或明或暗的光阴一一扫过。最后，我们在某一个僻静却依旧拥挤的角落，拥有了自己的墓穴和碑铭，形容各异，悲喜皆谶。

那一年，我们说："有些故事还没讲完那就算了吧！"这一年，我们说："你的故事讲到了哪？"那一年，我们做什么都是走心；这一年，我们做什么都是走过场。这不是薄情寡义，亦非志向不同，只是我们一生中会遇见很多人，真正能停留驻足的却少之又少。生命终将是荒芜的渡口，连我们自己都是过客，没有例外。

阿喵是一个双面极端的孩子，既善良又敏感，既深情又绝情，既内心强大又缺乏安全感，既倔强又怯懦，既不服输又不敢冒险，既体谅他人又任性自我，既讨厌喧嚣又不愿独处，既清高冷傲又曲意逢迎，她太明白自己是个怎么样的人。

她曾跟我说，太容易被看穿不是件好事情，不是你单纯，是你蠢。自己浅薄，却嘲笑别人深不可测。简单这种东西，是看过大事，经历过风浪，看淡万事的态度，不是固步自封地自以为是。害怕迷失，就不去面对世界和社会，这样的人本身就是胆小的。如果你是一杯水，想用你的人会觉得你可用的太少了，太容易被看穿。如果你是一桶水，想用你的人才会用你；如果你是溪流＼是大河，想用你的人就会觉得你有无限的价值。

这些话都是她的原话，是她爱过、伤过、怨过、恨过、痛过后的自我领悟。我知道，她看清看懂看透了很多人很多事，也感知和明白了很多道理，只是她依旧看不开。

这一年，身边的很多人，看似忙忙碌碌，实则迷茫无措。我们都未曾清楚自己真正想要的是什么，而是随波逐流，按照别人对自己的期望和要求去做。那些给你很多期许的人，他们只知道过个“这都是为了你好”的嘴瘾，却不知道，最后的生活依旧是如同饮水，冷暖自知。我一度认为，按照别人的期望去过自己的生活实在是一种专制，也是对人性的扼杀。

阿乐曾经是个地道的文艺女青年，生活五彩斑斓充满了各种幻想。她喜欢寓言，不喜欢童话。她喜欢席慕蓉、汪国真的诗；喜欢《红楼梦》，喜欢王熙凤。她写得一手好文章，打得一手好篮球，唱得一手好歌，拉得一手好琴。

如今的她，不谈理想、不谈情怀、不好高骛远，归于本真，只安于生活，偶尔陪朋友喝茶聊天，偶尔旅行，偶尔出国，安然，简单，平淡。

然而，总有某一些时刻，她内心的不安分会从身体里从灵魂里迸发出来，向自己向这个社会说“不”。

我知道，其实她骨子里是不安于现状不安于生活的，她一直在寻找自己的方向，希望给自己一个全力以赴的姿态，去做自己喜欢做的事，去过自己想要过的生活，找一个自己喜欢的人，去自己喜欢的城市。

她说，她的脾气，她的棱角，她的性情，渐渐地被现实磨平了。

她说她压着火，过够了戴着假面具的生活。

我又何尝不是如此！我跟她说，阿乐，我们都不想随便以一种基调定格人生，拥有未知的可能，总比死守现在的一成不变更让人欢喜。一辈子不长，谁也不知道惊喜和意外哪个先来，何不做自己喜欢的事。正如汪国真诗里所言：既然选择了远方，便只顾风雨兼程。

这一年，阿乐身边的很多同学和朋友，开始由奋不顾身走向有所保留，由相亲相爱走向彼此疏离，由拥抱入眠走向同床异梦，由相濡以沫走向陌路天涯，由曾经说好了的生死与共，走向最后的老死不相往来。

时间是一剂良药，也是一剂毒药。那些曾经信誓旦旦的爱情和生活，最终不是走向难成眷属的遗憾，就是归于终成眷属的厌倦。

在情感和生活里翻腾了多年的阿乐终于明白："谁都拥有过浓情蜜意和花好月圆的时光，但也要随时做好有一天被洗劫一空的准备。在一起就珍惜，留不住就放手。生命中来了又走的那些人，是过来教会我们如何更好地爱惜自己。"

她也终于认可并接受——乞求来的不是爱情，捆绑住的难以永远。爱情的真谛在于相互吸引、志趣相投的同行，而不是追逐和依附。

其实，那些或错失或遗憾的缘，那些因爱生恨的情，大多原因都很简单，只是彼此都希望对方好，但并不知道，并不能随时观察到对方需要什么，而是按照自己的标准一味地给予。然后接受的人并不快乐，也未曾感恩，而给予的人感觉付出了真心却没有回报。久而久之，大家都懒了，也累了，也就谁也不欠谁了。

只是，我的身边依旧有很多人到现在还是不明白："人和人之间想要保持长久舒适的关系，靠的是共性和吸引，而不是压迫、捆绑、奉承、一味地付出，以及道德式的自我感动。"

不舍菩提以解缠缚

这一年，在时光的罅隙里，很多人已经成为回忆里的人，在人山人海里兀自欢喜。我所熟悉的他们，我未曾预料后来他们可以相伴这么些年，一如我未曾料想到后来他们会分开。

这一年，我总是写活在回忆里的现实的人，可是那些回忆，一度被我封存在记忆深处不被开启。小松跟我说，现世没有一成不变的誓言，也没有谁能永远陪着谁走下去。听完我不由想起了七堇年在《平生欢》里说过："我想，誓言之美，不在于它能对抗世事无常，而在于，今生今世，有那么一瞬间，我们曾经愿意去相信它能。"

可惜，岁月无情，世事无常，聚散别离，早已注定。此后山长水阔岁月无声，再不会有人如斯镌刻。再见，再也不见！

这一年，与广告相伴多年的小川终于要重新启程了，而转投媒介的小鹏也终于厌烦了媒体记者的那些小伎俩，以及大公司里那些似是而非和勾心斗角。终有一天，我们都要抛弃旧有的躯壳和灵魂，然后各自上路，重遇未知的自己和本心。

是的，重新上路，谁也不能例外。因为，这个世界上的很多事情，不是输给了时间中的等待和忍耐，就是输给了自己的懦弱和放弃。所以，得时刻按你想的去生活，否则，你迟早会按你生活的去想。

12 月 28 日，北京地铁涨价的第一天，我约了小川和小鹏去五道口的“水平有限”吃柳州螺蛳粉，其间聊了很多跟生活相关的种种。之后从 Zoo Coffee 走到星巴克，再走到 TWOSOME + COFFEE，终于有位置可以喝杯咖啡，安安静静地谈谈人生了。

喝了一口卡布奇诺之后，话题也跟着变得沉重了起来。小鹏说家人开始催婚，她不得已也开始接受各种相亲。

我跟小川听完都有些愕然，很多到了嘴边的话又给生生咽了回去。不过我们还是说了一通不痛不痒的自我感觉有见地有哲性的话，但我只能说这些话真的就是不痛不痒而已，因为人生没有感同身受，所有的路所有的生活都得自己来选择和经历。

自己选择的，即使遗憾，至少不会后悔。如果还是后悔了，至少怨不得别人。

爱情是纯粹的，不是风险投资，它能带来的只是爱情。如果你期望通过爱情来带给自己更多的东西，那从一开始你就注定了一个悲情的结局。

小鹏，遵从自己的内心活着与令你所爱之人满意，双方自古就是一道鸿沟，是楚河汉界，必将纷争不断，流泪流血不止。但是，往后的生活是你自己的，需要你一点点地去感知去行走，所以千万别因为外界的“为了你好”的声音，而把自己的内心给引诱出去，然后蹒跚在路上。

其实又何止是结婚，任何一个阶段，总会有人替你担心着急。太多时候，我们总是为了满足他人的各种期待，活成别人期望中的样子，而忘了初衷，最后亲手“杀死”了自己。

每每聊起沉重的话题，总是容易让人口干舌燥、胸闷气短，最后不得已，我又点了一杯绿茶炫冰乐，解渴、静心。而他俩则喝起了果汁，暖心、暖胃。

这一年，喜欢曼殊沙华的阿殇忧伤得比较彻底，彻底到只剩下一条底裤。因为这一年说得最多，听得最多的词就是“青春”和“梦想”，这让他这个既没有青春也没有梦想的人顿感悲凉。其实阿殇曾经也是有追求的，作为一个文青和愤青，他希望自己的财富可以支撑起自己行走世界的欲望，但把这个说成梦想总觉得有些底气不足。

阿殇一直是个自我感觉良好的人，即使明知年岁渐长，他依旧认为只要有颗年轻的心，自己就可以永远活在大学毕业那年的22岁。直到有一天，他遇见一个令他怦然心动愿意交付初心和初爱的姑娘，心里产生的第一个念头竟然是：“这个姑娘对我来说会不会有点小？”罪恶感充斥着他那颗破败不堪的心的那一刻，他急忙拨打了我的电话，然后落寞地告诉我：小韦，我绝望地死心塌地发现自己真的老了！但还是要祝你“奔三”快乐！

我听完瞬间心情也不美丽了，只能自我安慰地跟阿殇说：此去经年，素履之往，愿无岁月可回头。

时间就像是一面镜子，让我从阿殇身上看到了当年的自己。想想自己2008年1月13日刚工作的时候，看到一个三十岁的同事，当时觉得他好老啊！而现在我也走到了那个“他好老”的年纪。

这一年，有多少人从最初不相识，走到了最终不想见。时间让很多“为什么”和“答案”变成了“无所谓”和“不在乎”。我知道，没有过不去的，只有回不去的。时间会教会我和阿殇，失去和拥有一样，不过是生命中的一场无常！

这一年，站在“奔三”的十字路口，有很多愈加膨胀的欲望与渐而打折褪色的梦想，也有很多焦虑不安与身心疲惫的时刻。生活里太多无可奈何的事，每个人都有自己选择的理由。“习惯了就好”不是无奈，而是学会了对自己对他人的体谅，学会了与内心与现实握手言和。

阿格跟我说，不是你我太矫情，而是“奔三”的当下，总有一些事情不愿意提及，有时会美好到虚假，有时却崩塌到决堤。总有一些人不愿意回忆，有时会离散到不见踪影，有时却近在眼前无法触及。

“宇教，你说过你是个行者，你的宿命在旅途。所以，你要把故乡变成他乡，把每天行走的城市变成驻足停留的一站。即使前方路途再遥远，你的内心你的脚步也不要停下。那些我去不了的远方，你就把故事和风景给我带回来吧！”

回归平淡的阿格，喜欢点上一支绿色的 ESSE Menthol，吐出一个烟圈，然后悠悠地告诉我，其实现实束缚不了自己，我们一直都可以有很多选择，生活的决定权也一直都在自己手上，只是我们缺乏行动和果敢而已。

说完，他像个沉思的哲学家一样，转身走入黑暗的巷子里，消失在冬至夜晚东四十条的街角。

也许，每个人的一生都有一段只属于自己一个人的时光，它不是孤独、不是艰辛、更不是沉寂，它只是一个蜕变的过程，一个将自己埋得很深很深、让自己在往后的日子里反弹得更高更远的过程。

这一年，我还能去喜欢的地方旅行或短暂居住。

这一年，我还能一路骑行，一路拍摄，一路听擦肩而过的人的故事。

这一年，我还能奋不顾身地追寻和怀抱初心。

这一年，我还能像年少时毫无顾忌地在夕阳下奔跑。

这一年，我还能坚持每天打乒乓球，每周打羽毛球，偶尔踢足球。

这一年，我还有说走就走的勇气和赤子之心，还有浪费在美好事物上的时间。

这一年，我还能买很多自己喜欢的书，并用大量的时间沉浸在阅读中。

这一年，我还能养好很多种草本木本和多肉的绿色植物。

这一年，我还能坚持用钢笔写字，并学习禅定。

这一年，我还能每天持续不断地写写文字，说说这些年那些人的悲欢离合。

这一年，我还能偶尔与朋友见见面，聊聊天，彼此诉说与倾听。

这一年，买了海景房，装了修，周末偶尔过去度个假，在海边散散步，静看日出日落。

这一年，我还能有意念去寻找那份我愿意以“终其一生只为做好这件事”的心态去从事的职业。

这一年，你们所喜欢或不喜欢的那个我，也不过是你们想象中的我罢了。

这一年，我还能有勇气来接受自己本来的样子，接受外界的否定和自我的否定，学会了不苛求，理解了每个人都有他的难处。

这一年，我始终无法预期自己的人生，遇见谁，又去向何方。

这一年，我对自己说：时光早已碾碎了来路，这世上从来不曾有过真正的归途。愿你前行的路，始终有光，穿透迷雾与我执。

冬至过去了，圣诞节过去了，新的一年如期而至，爱恨、明暗、得失、苦乐、悲喜、成败，一一分明。因因缘缘、业业果果，一一浮现。是该算总账了吧？人生就是这样，在欲望浮沉中，把生命扔到很远很远，最后，只为了找到那个简单的自己。

阿洛看过我写的一些文字和故事后，对我说：宇教，岁月总会让你误解一些东西，但也会让你看清一些东西，然后把最真最纯的留给你。即便你再也回不去了，也愿你始终看不透人心，永远游离于世俗之外。希望你以后在每一个跋山涉水的旅途中，无论是冰雪封冻还是烈焰焚烧，无论是险山环绕还是深海纵横，脚印里种下的，都是心甘情愿的种子，而不是将就生活的无奈。

感谢那些出现在我生命里的人，是你们教会我不给人生设限，不去数年龄有多大，而是不停地行走，不停地找到新的可能。那些年轻的、不谙世事的岁月，那个曾经沉默不语的小男孩已经奔三了，我感谢一路上学到的勇气和承担，更感谢岁月赠予我的智慧和内心的充盈。

“希望新一年的自己，希望好多年后经历千回百转跋山涉水的自己，带着一个‘我喜欢’的梦想，面朝着一个‘我喜欢’的不再事与愿违的未来走下去。”

“红尘看破了不过是浮沉，生命看破了不过是无常，爱情看破了不过是聚散，仅此而已。”网上曾有人如此祈愿和笑谈人生，对此，我欣然赞同。

再见，29岁！你好，30岁！

“这是一座太繁华又太过拥挤的城市，你能找到一切新鲜好玩和自己想要的东西，可是偏偏找不到自己。没有一面镜子里你看到的是自己，通通是做给别人看的面孔。在这里，你没赢过自己，拿什么跟他人谈论人生！”

冷漠的人，谢谢你们曾经看轻我，让我不低头，更精彩地活。

最懂我的人，谢谢一路默默地陪我，让我拥有好故事可以说。

第二章　曾经的曾经也只是曾经，却足够心念一生

请记得文身之下的那片纯白

闲着没事看了电影《左耳》，被青春、回忆、互动、校园的标签吸引，在点快进中结束了观赏。好像自从电影《那些年，我们一起追的女孩》热映以后，青春这类题材开始多了起来，耀眼靓丽的主演，大牌献唱主题曲，刷榜刷评分，几经曲折的剧情及合乎不合乎逻辑的设定，构成了所谓青春偶像剧系列。或许有些编剧大人没有暗恋和早恋过，所以青春电影中都会有大段可以被毙掉的场景描写，其实真正的青春爱情，应该就像杨同学曾经说的一样：都是些小暧昧。

为什么九把刀的电影会火，不是因为贴上了青春的标签就能给票房增色，让观众心甘情愿地掏钱，而是剧作的真实感：青涩执拗的青春。喜欢，会变得心口不一，表面淡定内心波澜起伏，“我猜着你的名字刻在了墙上，我画着你的模样对着弯月亮”；在一起，想要给 TA，却不知道给的是不是 TA 真正想要的，青春期叛逆的荷尔蒙让彼此有误会不去解释，都是月亮惹的祸我为什么要道歉，于是大多数结局不会败给老师家长，而是败给了执拗着一直没有说出口的对不起，就像小猫她的恋爱一样。

“和很多人一样，看过了《我的少女时代》《那些年，我们一起追的女孩》这些影片，会傻乎乎地流眼泪，神经兮兮的，微笑着。脑袋中，想着那么一个人，很久很久之前深深地植入的以为是很爱的一个人。其实后来发现也许没有那么爱吧，虽然当时的那种感情确实是真真切切的。”小猫望着窗外，和我分享了这样一个故事。

初二的时候，一次班里的集体活动让小猫和华熟悉起来。那时候《灌篮高手》正热播，所有的女孩子貌似一夜间都喜欢打篮球了，当然也许只是因为流川枫、樱木和三井君。有一天，华忽然问小猫喜欢打篮球吗，华说可以教小猫打篮球，想到晴子的样子，小猫很开心地答应华和他学习打篮球。初中的时候比较羞涩，很怕同学们说闲话，华和小猫都是偷偷地起早去玩球，没过多久还是被发现了，几个哥们儿起哄着，小猫就变成了华的女朋友。让小猫形容华为什么会吸引她，小猫想很多女孩都会有共鸣吧，华打篮球，华 180 的个子、瘦高瘦高的，华喜欢穿白色 T 恤衫，华那小麦色的皮肤，大大的眼睛，还有一辆漂亮的、红色的斯波斯曼山地车，华在篮球场是那么醒目、耀眼。

没喜欢一个人前，小猫会很爷们地和华聊天；喜欢一个人后，会马上变得小女人，脸红心跳的，不知道聊些什么。小猫现在想想，估计不找到当年的日记，她都不知道为什么对华那么喜欢，也不知道华到底对她有多么喜欢，只是隐隐约约记得，他们一起打篮球，大半夜偷偷地打电话，聊篮球、聊喜欢的音乐、聊八卦趣事。

华写字很丑，华的卡片、小纸条小猫还留着，那个如今看来挺难看的卡片，现在想想可能还是因为字体一如当年的他们一样幼稚吧。正数第三排座位的小猫和倒数第一排的华，没有成为过前后桌，沟通还是小纸条，上面一个“请给 XXX，谢谢”，幸运的是那时候大家都很喜欢帮人传纸条，而且掩护得很好，从未被截获。悲哀的是，其实也没什么保密的内容。上课下课传个纸条，晚自习躲着家长老师一起走那么一段路，在一堆死党掩饰下看华打篮球，坐在华单车后架上，都会觉得整个夏天盛开如花。不会许诺一个很久很久的未来，就是简简单单的我喜欢和你在一起的感觉。这大概就是青春应该有的情怀吧！

华学习不好，但是风趣幽默，他经常和一群哥们鬼混，却很讨女孩欢心。青春期的女孩子敏感而多疑，小猫执拗地想知道华和别的女孩子的聊天内容，刁蛮地吃醋；华倔强地从来不解释，懒得对小猫奇奇怪怪的问题进行回复，各种误会、纠结、冷战。后来华留级了，变了很多，没有共同的圈子，“分手”两个字都没有说出来，无疾而终。

很多的初恋都是这样，柏拉图式的一段感情，其实就是爱上那种喜欢别人的感觉，不一定是爱得多么深，只是因为觉得 TA 的出现，让你觉得每一天都很有意思，变得不同了，于是觉得那就是爱。

很喜欢很喜欢，还是那种小小的暧昧吧，不会像现在的爱那么浮躁，那么坦荡荡无所顾忌，那么轻浮地随便就会脱口而出。

放不下青春的那份高傲、倔强，美好的过往夹杂着误会、吵架，充满了小暧昧的青春和无疾而终的初恋。我想说，这个更像是很多80后的初恋剪影。

20世纪90年代，那时我上初中，那时有磁带，英语课还是李雷、韩梅梅；在流行四大天王的歌曲；那时有些男孩子看了《古惑仔》就会蠢蠢欲动，将能打架和讨女孩欢心联系到一起；热播《灌篮高手》流行爱樱木、爱流川枫、爱三井、爱藤真、爱仙道；那时小伙伴们收集明星卡、书签、集邮、写日记，和闺密悄悄地分享心事。珍贵的青春，都存在胶片上，仅有的合影只是毕业照。

那时候，我们不过都是瓶子里的鱼，活在自己的空间里，看着外面的世界，不懂得珍惜，不会谦忍，不喜欢妥协，不懂得迁就包容，认为喜欢就应该是彼此一致的，认为喜欢做什么就该做什么，不会管对方的感受，认为喜欢一个人对方会全部接受你的一切，高调的、高傲的姿态，我们都是不会退让的人，这似乎是青春时候的通病，于是错过了。

我们都太倔强了，一个是跑开了会很痛，不会转回来说“对不起”的人；一个是宁可自己在角落中、在闺密的怀中哭着说我很喜欢他，却不愿意站在他面前说“我很喜欢你”的人。

青春是场大雨，即使感冒了，还盼望回头再淋它一次。

如果真的能穿越，小猫还是愿意傻傻地喜欢那么一次，虽然知道结局了，还是愿意重新再相遇一次，再一起打篮球，再一起谈人生谈理想，再一起吵架，再一起各种纠结。下课的时候，小猫还是愿意坐在那里，回头远远地看着华，华也远远地看着她，浅浅淡淡地笑，却笑得那么含情脉脉意味深长很有爱。小猫还愿意数着成绩单，她正数的位置和华倒数的位置一样，然后对华谆谆教诲，华不屑地笑她。

还记得席慕蓉有句诗“所有的成年人，最后不得不刺上文身”。

那就是青春的印记，刺在身上，永远地印在心里。有的人，是拿来成长的。

感谢那个暧昧的又值得怀念的故事。

感谢《那些年，我们一起追的女孩》《我的少女时代》，让小猫回忆起 1998 年，会觉得那么美好。

感谢青春中拥有一个那么喜欢小猫的人，和小猫那么那么喜欢的一个男孩。

感谢华，小猫学会了成长。

点击“忽略全部”，只因不在同一个世界

冬至一过，接着是平安夜、圣诞节，继而是元旦三天假期，然后就是一年一度的春节了。

各种节日接踵而至，QQ里的同学群也异常活跃起来，好像还在一起上课下课般热闹。

有人在群里发祝福：老同学们，冬至快乐啊！

有人要下乡检查工作：明天下村吃土鸡去！

有人在筹备活动：XX县60年县庆，有哪位领导届时到XX啊？

有人想解闷消愁：下班了去哪喝酒？

有人想去看看世界有多大：周末大家都去旅游了吗？

有人在晚上九点半睡觉前跟大家道了晚安：睡觉了，明天早上10点钟还要早起。

有人点评时事：各位，惊闻有16人求职被骗到山东拔萝卜，你们怎么看？我觉得山东是个好地方。

有人想寻求慰藉：平安夜有约吗？

有人庆幸生活：看到北京的雾霾，觉得自己很幸福。

有人叹息命运：悲催的家庭主妇。

有人接受现实：我老了，开始图安逸了。

有人在远嫁他乡仍偶尔思念故土：广西好遥远了。

有人放弃了尝试和冒险：几个在广州的朋友都讲要回广西合伙创业，如果我还年轻3岁肯定回，现在折腾不起了。

有人羡慕留在家乡小城，过年不用来回奔波的同学：羡慕你们啊！我们漂泊在外的游子还在担心回家车票的事呢！

有人欣喜于抢到了回家的火车票：用360抢票器抢得一张高铁票。

有人想念家乡的美食：想念XX的香猪肉。

有人又在筹划着十年来都没筹划成功的、毕业后的同学聚会：搞聚会都是AA制的，不是谁组织谁出钱的，别人组织不好也不能怪罪，毕竟每个人的想法不同。以后搞聚会要先报名，报名费一起给一个人，多退少补。要不有的人报名了又不来，搞得大家点好多菜吃不完。

有人……

眼看着又要挥手告别一年，不知沉寂了多久的同学群又莫名地活跃了起来，许是因为年底了，大家闲暇的时间多了；许是因为一年又要过去了，大家都想知道别人这一年过得如何；许是因为有些人想出来发发言了，证明自己还活在地球的某个角落。

当然了，也许以上都不是原因。只是有些人想说了，有些人想听了，有些人想看了。

只是，总会有小部分人，永远沉寂，头像永远处于灰色的离线状态。同时，也有小部分人，习惯性地用鼠标点击了“忽略全部”。

原因很简单，不过一句话：酒逢知己千杯少，话不投机半句多。

比如某人提到毛姆，可另外的人却回复他：爆肚比直接把毛肚下火锅里好吃。

比如某人提到周末要下乡检查工作，而另外的人只知道周末双休去看 3D 电影，还要搭配抹茶星冰乐和爆米花。

比如某人说年底了又要准备各种资料，好给上级领导做各种汇报，而另外的人只想着年底的双薪，年后能否升职加薪，以及年后是否跳槽。

道不同不相为谋的例子不胜枚举，而这就是现实，我也深有体会。

这两天为了肯尼亚之行（某旅游网站给专栏作家策划的一次活动），为了去非洲拍狮子和角马大迁徙，为了与肯尼亚人民一同在草原上跑马拉松，为了去肯尼亚的沙滩捡些贝壳，为了多些经历写出更好的文字，我进行了人生中的第一次拉票，穷尽了各方友人（亲人、朋友、读者、粉丝、大学同学、高中同学、同事，前 / 前前 / 前前前同事）的帮忙，对此我深表感激。

同时我也知道，这两天的不断拉票，污了微信朋友圈和 QQ 空间的说说。不过经历了这次拉票，感触颇多。这两天有好多朋友、读者或粉丝，除了每天帮我自发投票，还主动去自己的圈子或群里帮我拉票，或者帮转发。感动之余，也甚感意外。

他们中的大多数人加了我之后，就没说过话。投完票后，他们告诉我说：其实他们一直默默关注我每天发布的文字，虽然这些文字在身边人眼里或为矫情之言，或为鸡汤之文。

没有一面之缘，没有一言之辞，甚至我都忘了他们是从哪个平台看到我的文章，然后加的我。我很清楚，我性情孤僻，冷漠，不善言辞，不苟言笑，甚至天生有些绝缘体特质，而且情商负无穷。没想到却得到了他们的抬爱和帮助，还喜欢且忠于我的文字。

我从来不相信世上有感同身受这一回事，我只知道任何感受都只能是“如人饮水，冷暖自知”，但心理共鸣是存在的，也是经常发生的。

所以，从喜好文字，到主动帮助投票，圆我肯尼亚之行的梦，可以说是志同道合，或者说是情感的认同和共鸣，虽然这种志同道合，可能短暂，也可能长久。

其间发生的一件事，又让我想到“酒逢知己千杯少，话不投机半句多”这句话。

同桌兼好友投完票后，问我：这个要发到群里面不？哈哈！

我说：很少在里边说话，感觉有些生疏了。

他回复我：里面各种百态，还是少惹为妙。

我即刻打了四个字过去：机智如你。

他很快回复：不得不面对这个现实，我相信你也是同样感受的。

我沉思了一下，告诉他：如你所想，你心里想的就是我要表达的。

然后我们都沉默了，也许我们都感觉到了：年纪越大，人越孤独。越陷入没完没了的社交生活，越容易迷失或沉溺，身边越找不到一个可以说话的人。也许是因为毕业后，大家早已不在同一个世界。

然后我想到作家刘墉在《只恨不在同一个世界》一文里所说：“只是旅行结束，也就是坠入凡尘的时刻，大家重新面对的是沉重的工作、烦琐的家务和纷乱的人情。于是仿佛饮了忘川之水，忘却了天上的一切。古往今来，在情海中、人海中，许多分离都是如此无奈。不怪情，也不怨人，只恨——他们已经不在同一个世界！”

面对这种残酷的结果，有些酸楚，有些悲情，但谁不是这样慢慢习惯，慢慢接受呢？

时间模糊了远去的从前，我们在回忆里模糊了时间。我们依旧留有许多远大的理想，但已经不屑说出。毛姆曾说：“任何一把剃刀都自有其哲学。”看着镜中的自己，我也不知道毕业后分别的这些年，各自经历了多少哲学，各自有着怎样的际遇和人生。

不管怎样，聚散终有时，一如我喜欢的诗人扎西拉姆多多所言：“要分别了哦，就像当年在不丹的偶遇，你我只是短暂的相聚，然后又各自继续一个人的旅程。但愿我们终于能够完全地接纳这个事实：两条平衡的轨迹永远不会相交，而两条可以相交的轨迹，又最终一定会相距越来越远。”

辗转江湖，时光苍绿如初，我在《北京的冬天》唱着《睡在我上铺的兄弟》，道一声《好久不见》，《你在他乡还好吗》？

我们的青春终将献给身后的这座城市

再过一个月，烈日炎炎的夏季，柳絮飘飞，禁锢了许久的热浪将再次回归。假如生命只剩最后期限，你会想起哪段时光？

那是一个电闪雷鸣、大雨冲刷的静寂的夜晚，失眠，听高晓松作词作曲、李晓东演唱的《关于理想的课堂作文》，吉他声响起，悠远而苍凉，回忆如潮水般汹涌澎湃，脑海中放映着蒙太奇一样的过去，就这样朦朦胧胧地看见那个当初青葱的自己，鲜活地听见这些年不曾死去的内心的声音。而这首歌，总是在某个记忆空白的时光轨迹里，唤醒如今我们为了生活或许变得有些麻木的心。

七年了，大学毕业后渐渐疏于联系，曾经熟悉的变陌生了，曾经陌生的更加疏远了。那些称之为同学或朋友的他们，如今散落在中国抑或是世界的不同角落。各自挤着各自的公交车或地铁，写着各自的文案或未来，安抚着各自的男/女朋友、老公/老婆、红颜

/蓝颜知己，微笑也好，失落也罢，我们都在红尘的路上步履蹒跚，或亦步亦趋地行走着。

得到他或她的消息只能靠听说，听说他有了温柔可人的女友，听说她远涉重洋、终于过上了想要的生活；听说他沦落了，听说他圆梦了。听说，听说，各种听说……网络上偶有报道大学4年的母校如何如何，却提不起兴趣细读，心里明白，随着一代又一代学弟学妹们不可抑制地长大，时光已老，青春远去，故事却常新。

手机通信录里的名字和电话越来越多，联系的人却越来越少；QQ每天都在闪，却习惯了用鼠标点击“忽略全部”；手机里的音乐越来越多，上下班路上、在天台吹风的午后，以及失眠的夜里，听的还是那么几首……时光偷走了我们那些纯真的傻笑，狂傲不羁的青春，流光溢彩的幻想，海阔天空的志向，然而它偷不走我们尘封的心和琉璃的回忆。

也许，在未来生命的某个驿站，或是一个暮霭沉沉的清晨，或是一个夕阳西下的傍晚，我们能怀揣着这些不曾幻灭的梦，怀一颗永不后悔的心，写一首后青春期的诗，然后寄给远去的、始终缅怀的昨天。

记得李宗盛在自己的演唱会上唱《爱的代价》时哽咽了，没有唱下去；记得罗大佑和李宗盛合唱《爱的箴言》时，张艾嘉带着感冒上台拥抱了罗大佑；记得老狼在录音棚里录《青春无悔》时哭了，他说他想起了他和女友在北京八中校门口旁边的树上刻下的字；记得刘若英和陈升同时应邀参加侯佩岑主持的《桃色蛋白质》，节目中刘若英不顾形象地哭哭笑笑，在陈升面前，她始终无法控制自己的情绪；记得一个朋友告诉我他在观看《哈利·波特》最后一部首映时，当最后的字幕出现时，电影院里所有的人都不自觉地站了起来，然后掌声雷动，往事和泪水淹没了整个电影院。记得……

我不知道也无法猜测揣摩，她们的泪水或举动代表着怎样的流年和过往，我只知道，那一刻有个叫“岁月”和“青春”的东西滑上了心头，让我们遍体鳞伤。

在地铁里读扎西拉姆·多多的《当你途经我的盛放》和《喃喃》时，我对自己说，有缘的人会看到，懂的人会懂。但散落天涯的你们不会懂，不必懂，也不能懂。其实，不懂的你们比那些不谙世事、那些不懂人情世故的人要生活得更好。因为你们懂得现实和梦想的距离，你们懂得尘世的繁杂和颠沛流离，你们懂得如何不顾对错而抵达因果。正如庆山（安妮宝贝）所说，“不相信感情所代表的光，因为警惕和躲避背面的黑暗。所以，你只能理性而坚定地生活在这个俗世之上”。

人生就像一场华丽的冒险，下一步永远是未知。N 年前，每当和人提及理想，我总是被人规劝活得现实一些。现实是柴米油盐酱醋茶；现实是找一份收入不错的工作，朝九晚六吃饱穿暖；现实是找个靠谱的对象生儿育女，平实而安逸地老去，却不断重复着别人的人生。

经年流转，从童年到少年到青春远去，我终于了悟曾经看过和珍藏的那些书，里面不一定有颜如玉，也不一不有黄金屋，那些发黄的书页只是薄如蝉翼，弱似萤火，一点就燃，化成灰烬，如同我不再与人提及的理想——就算海子、徐志摩、顾城、村上春树、海明威、杜拉斯、加缪、马尔克斯们坐在我的对面，告诉我生死缠绵，心如素笺，人世如烟。可我还是不能确定那些曾经痴迷的文字有多少力量，能不能帮我渡过名利浮华的此岸到达尘嚣之上的彼岸。后来，后来的后来，不知道是哪个后来，我，一路北上直至北京，虽没洗尽铅华，却也陌上花开。

忘了从什么时候起，好似看不懂周遭的世界了。在这个时代，或许什么都可以发生，而什么又都笼罩着花非花雾非雾欲说还休的朦胧。郑钧在《私奔》唱到：

把青春献给身后那座辉煌的都市，为了这个美梦我们付出着代价，把爱情留给我身边最真心的姑娘，你陪我歌唱，你陪我流浪，陪我两败俱伤，一直到现在，才突然明白，我梦寐以求，是真爱和自由。

然后白驹过隙，青春不再，岁月成河，对着相片，在回忆中或哭或笑，那里有我们每个人纯真的年华和天真的笑容。

万丈红尘中，有没有那么一个安静的小角落，让你可以丢掉所有的面具、伪装、做作、纸醉金迷、歇斯底里和不堪重负，不用在乎旁人的眼光和想法，做真实的自己或是遇见另一个自己，管它忧愁还是快乐，管它孤独还是幸福，管它云散还是花残，管它雪消还是月缺，我们要的只是出离自己，遇见内心。

终有一天，我们的青春终将献给身后的某座城市，我们终将付出年华的代价，我们终将在某一首歌里尽情唏嘘，我们终将化作沉默的华丽的灰烬，我们终将诉一段身不由己的宿命。

当泪痕勾勒成遗憾，回忆夸饰着伤感，逝水比喻时光荏苒，终于我们不再为了生命狂欢，为爱情狂乱，然而青春彼岸，盛夏正要一天一天一天的灿烂。

当我第一次听五月天的《后青春期的诗》时，我对着书桌上厚厚的书本发了两小时的呆，却始终读不懂歌中所要传达的种种。

当我有一天终于读懂了它的歌词，我却听到了站在北京银泰中心64层窗户前的大头面露死相地对我说:“我们放弃理想，很多时候，不是因为生活所迫，而是内心投了生活的票。”

“别忘了咱们还有一个击掌为盟的‘私奔’的约定。”

“嗯，我肯定会私奔的，但是我只会带着我心爱的姑娘私奔。”

在遍地鸟语花香的四月，我站在中国电影导演中心的天台上，想到了那个“私奔”的约定，想到了大头。不知道他是否跟心爱的姑娘私奔在通往原罪抑或是救赎的路上。

我只知道，私奔是旅行的一种浪漫的放逐，是追随内心的宁静，是遇见自我的义无反顾。

就像陶立夏在《岛屿来信》书里的珍珠岛所说：“旅行的意义就在于，它允许我错误地理解生活。在这种生活里，我们都是无须承担的过客，是心情轻松的旁观者，是满心期待的异乡人。我们心安理得，满怀虚无缥缈的快乐与愁绪。”

站在四月的时间中段，我已经不去想这一路追随的是谁的旅程和怎样的一个旅程。也许，若不问来路与去程，人生会容易和简单得多。所以，那些你们，想好了吗？想好了，我们就“私奔”吧！

在路上，在各自的天涯，在下一个春暖花开的四月，我们会遇见最初的自己。不是吗？

＊　＊

我们这一生，一直在路上，一直在寻找，渐渐迷失了的那个自己。

我们都有了个当初不曾料想的以后

有点遗憾，李雷和韩梅梅，谁也未能牵着谁的手。一样的是我们都有了个，当初不曾料想的以后。还好 Polly 它还活着，就像我们当年的小美好，它永远都不会老，在心底不会飞走。

七月的最后一个周末，在紧邻朝鲜的一座小城，你在一个空调开着但温度似乎与遥控器上的温度始终不对等的酒店里，用手机连着速度很慢的 wifi，打开网页，无意间浏览到一篇文章——《韩梅梅结婚了，新郎不是李雷》，然后你把空调的温度调到了 18℃，重新聆听了三遍《李雷和韩梅梅之歌》。之后，你的手不自觉地在键盘上敲打着那一个个有些沉重且感伤的文字。也许，那些文字里留有一种被称之为“回首”抑或是“回忆”的味道。只是有些遗憾，那段时光单纯得几乎空白。

回忆是一个很有韵味的词语，不管是正的、反的、好的、坏的、酸的、甜的、苦的、辣的，还是怀念的、遗忘的、幸福的、辛酸的，抑或是刻骨铭心的不堪回首的，都可以浓缩在这两个字上边，让你在10年、20年、30年、40年、50年以至更久的以后都可以用它来留下自己的故事，写下自己的传说。

“韩梅梅”和“李雷”是80后最熟悉的两个人物，伴随我们走过了1095天的三年初中时光。跟身边的很多80后一样，我们坚信明天会更好，坚信没有到不了的远方，坚信“终有一天你会成为自己当初最喜欢的样子”，然后我们努力着奋斗着，或学习或工作，期望有一天可以出人头地，功成名就，但现实照进理想后，留给更多人的依旧是默默无闻。

如今80后不少已经成家立业，而有些人也许还过着光棍节。但是，不管怎么说，十几年的时间就这样过去了，你可以说自己长大了、成熟了，也可以说自己苍老了、颓废了，你也可以后悔当初，你也可以充满回忆。只是，不得不接受的是，我们再也回不去了。所以，我们只好面对现实。

在漫漫求职路上艰难跋涉的我们，在为完成儿时梦想而奔波劳碌的我们，在每天挤公交车挤地铁上班的我们，作为80后的你，是否还记得曾经的誓言和那个美丽的梦？

当年的欢声笑语仿佛还停留在耳边，曾经的伙伴却早已散落天涯，成为过客。多年后的今天，是否大家，都有了当初不曾料想到的以后？

韩梅梅结婚了，新郎不是李雷。

如果没有人提起，你是否还会记起十几年前你我他都曾拥有过一个纯真的完美笑靥。而如今，笑脸还有，却已经没了当初的纯真。

看到这篇文章和听完这首歌之后，不知道用哪个形容词来演绎此刻的感受，仿佛所有的字眼都是空洞的，因为现在的我们都不再是“韩梅梅”和“李雷”。

80后那些曾经单纯、快乐的时光，也许已经永远尘封，留在纸上的只有回忆。

现在的你，在看过许多风景，走过许多路，遇见和告别过许多人，经历过许多事之后，终归会走到这一天——“你会拥有一种取悦自己的能力，如同猫的尾巴，独处的时候拿来玩乐，没有目标的时候拿来追寻。”你说你不做夸父，也不做堂吉诃德，只是希望可以像猫一样生活。

八月初，你坐在出租车里前往火车站，准备从身处的小城返回工作的城市。途中，你遇见了一个火车道口看护人员。聊天过程中，他告诉你他在这个道口已经工作了37年，每天陪伴他的只有手里的对讲机、绿色和红色的旗子、栏杆、信号灯以及火车的汽笛声。他说他已经记不清每天有多少趟火车从他面前呼啸而过，也记不清每天要重复“放栏杆、收栏杆”这个机械化的动作多少次。我问他，你的整个青春和大半个人生就这样献给了这么一片方寸之地，你没有感到过遗憾或不甘吗？他说所有的事情都需要有人来做，即使我不做，也会有其他人来做。我已经快退休了，思考这些已经没有任何意义和必要。因为，每个人的一生，自有他的选择和应付的代价。而这些，不过，一场生活。

你与他挥手，告别。走进列车车厢的那一刻，你在心里对自己说：生活，有时候，真的只是生活。

第二天清晨，回到你熟悉的城市，你开始准备入职的各种资料。翻出大学毕业证和学位证上的旧证件照，你窥视了一眼，除了喟叹，就是唏嘘：流年真是经不起书写和涂抹。

这一年，你跟身边的许多人一样，陆续步入“三”的行列，那些曾经引以为傲的“梦想无限大”的初心日渐式微。嘴里、文字里和心里提及的所谓的梦想，连同时间一起都已成为可预见、可计算的有限的资源，而且不多了。

八月，在这个还没入秋的城市，不管以何种角度抬头仰望天空，你都能轻易看得到头顶的那片苍穹，默默地悬在你视野的上方，让你清晰地了解到自身的能量究竟会爆发到怎样的程度，了解到自己的步履究竟还能行至多远。但这又有什么关系，谁不是这样过来的呢？

素有“诗人摄影师”之称的中国著名摄影家严明老师在《我爱这哭不出来的浪漫》里曾说：“我们抬头高谈理想和自我救赎，低头就要慌忙自我救助。”你看到书本里的这句话时，你突然瞥见了窗外的那抹阳光，它掠过废墟，掠过正在兴建的公寓，掠过一扇又一扇或开或闭的窗，只为目之所及的人们的惊鸿一瞥，只为落日前最后的明媚和闪耀。

又是一段新的征程，路途也许依旧或暗或亮，或远或近，或无边无际，或未知未卜。就像离开那座小城前，你在学校的运动场看到的篮球架，即将落入篮筐的篮球，空中飞舞的羽毛球，那些青春洋溢挥汗如雨的身影——这些剪影，让你想起年少时夕阳下的奔跑，想起那些不可复制、不可重来地被称之为“时光”的光阴故事。如今，你们散在何方？如今，你们是否都有了个当初不曾料想到的以后？

每一片湛蓝的天，都有一段回忆的往昔

阿 Sam 在《去，你的旅行》中曾坦言："旅途中，你一直在遇见一些人，一些可以短暂拥抱的人，可以某一刻交心的人，可以推杯换盏的人，可以互相倾诉的人……可终究你会发现，你不太会遇见想要在一起的人，也许因为我们都在路途中，其实根本找不到彼此。"

北京的天，今天异常的湛蓝。

窗外阳光明媚，亮得有些刺眼，影子在光的映衬下显得愈加阴暗。

窗外太阳光的亮度远远超出了办公室里的荧光灯，操场上传来小朋友们的阵阵嬉闹声，虽然在小区里和六环的路边还没看到迎春花的绽放，但我心里清楚，春天也许真的来了，因为我的心似乎不再那么苍凉了。

中午接到中国电信工作人员的电话，说明天下午去家里安装宽

带。我心里窃喜，终于可以告别折磨死人的 3G 无线宽带了，等了 3 个多月了，我守得云开见明月，终于可以用上有线宽带了。

周末看到小区里有中国电信的宽带办理点，我咨询了一下，跟他们确认是否真的可以开通，因为物业一直说开发商还没审核完（这是新小区新楼）。

从鼓楼中国电信营业厅回来后，我交了一年的有线宽带费用，4M，1350 元每年，当月免费使用。之后看到“冒充电信人员收宽带费诈骗”的新闻，我后背顿时有了凉意，还好在营业厅的时候，我亲眼见证并亲耳听到客服人员给在我们小区的工作人员打过电话问询能否开通宽带的事情，要不我也该忐忑了。

此时，突然就想到了赵本山小品里的一句话：“海燕呐，你可长点心吧！”

春天不可避免地来了，正如我不可避免地要出去旅行和摄影一样。

她说，在我 27 岁生日的时候，会送我一套佳能原装的远摄变焦镜头，那一刻我倍感幸福和感动，同时也充满了期待，在无限遐想中守望立夏那一天的到来。

立夏之后，我就可以用一种更深、更远、更广的视角去凝视和感受我身边的世界，以及行走在旅途中的他们的喜怒哀乐。

刚搬到新家时，我就急不可耐地去沃尔玛超市买了一副羽毛球拍，想好好运动一下，同时怀念一下大学的运动时光。

只是随着冬季的到来，它就被束之高阁了。看着窗外湛蓝的天，我又想起了被我擦拭得一尘不染的羽毛球拍，周末是该运动运动了。

从冬天到春天，我在地铁上的爱好一直在变，就像那颗孤傲的心一样，一直无处安放。

从先前在地铁里傻傻地发呆、冥想，到用诺基亚 6300 玩世界足球 2011，到用 MP4 看各种悬疑、推理、恐怖电影，到看各种旅行随笔的书，到边凝视窗外边聆听音乐，到现在用 Iphone4 听蜻蜓 FM 广播电台收音机。

当“中国之声”熟悉的旋律环绕耳边，我似乎又回到了高中听收音机的时光中，穿插其中的是那些遥不可及的年少纯真、迷茫，以及对梦想固执的不甘与执着。

在拥挤的地铁车厢里，时常听到很多人在讲述他或她从前的故事，以及深藏心底的那个不敢轻易触碰因为一碰就疼就碎的梦。

我一直都认为，也对身边的很多人说过，怀旧不是老了的表现，而只是后青春期的另一种释放。

80 后的我们已经走完了人生的四分之一路程，但精神层面上的青春期却永不会落幕。即使我们后来慢慢地发觉，可供我们停下来怀念和追忆的东西，有时候看似饱满丰盈、五彩斑斓，但是当你伸手一抓时，却又空空荡荡，像凝结在窗上的水滴，逐渐干涸，然后虚无。

与很多喜欢旅行、喜欢在路上的人一样，我总是怀揣着简单而激情澎湃的梦想上路，行囊里装满了对过往的追忆、对未来的畅想。

即使我知道，行走的青春，因为不合时宜，所以奢侈。因为奢侈，所以很多人没有这个勇气，继而放弃了追寻自由、追寻自我的脚步。但是，还是有很多人义无反顾地行走在这条路上，因为我们的内心始终向往朦胧的远方。

青春是场大雨，即使感冒，还盼望回头再淋它一次。

她红颜老去，我青春不再

我们总是这样自欺欺人地忽略着现实，忽略着那些不可能的可能——写在2010年的最后一个夜晚。

2010年12月31日19时30分，在观众越来越热烈的掌声中，她站立于舞台中央的升降台上，幕布散去，音乐声响起，是我们所熟悉的《同一首歌》，毛阿敏从艺26年来的首场个唱让首都体育馆顿时沉浸在回忆中。

坐在北区单号27排87号的我，淹没在人们的掌声中。从大屏幕上我看到她红颜老去，再看看我自己，青春也所剩无几。

2010年的最后一天，我用这样一种独特的方式，在首都体育馆，在毛阿敏的歌声中，在万人的掌声和呐喊声中，永远地告别了2010年，告别了那些曾有的欢笑与泪水，告别了那些所谓的成功与失败，告别了那些感动过我的故事和感动过我的人，告别了那个熟悉却又陌生的韦宇教。

听到《烛光里的妈妈》的时候，看着画面上那些不停跳动着的烛光，我哽咽了，我心疼了。此刻，我听不到歌声，也听不到掌声，我只是感觉到世界是如此的安静，而我躺在妈妈的怀里，好温暖，好开心，好自由。

当唱到电视剧《东边日出西边雨》的插曲《爱之无奈》时，钢琴的音乐声响起，戴着帽子戴着眼镜梳着辫子的刘欢出现了，他一边弹着钢琴一边与毛阿敏深情合唱。

刘欢的出现，现场的气氛更是掀起了热浪。借刘欢在台上演唱的空当，毛阿敏去后台换装，刘欢则唱起了那首高中时我很喜欢的《从头再来》。

心若在，梦就在，天地之间还有真爱。看成败，人生豪迈，只不过是从头再来。

现场的观众不由自主地跟着唱了起来，而我也在心底唱着。

我知道，这是人们发自心底在撕心裂肺地呐喊着，因为在生存面前，那纯洁的理想是那么脆弱不堪。那些圣洁的梦想，在这个浮躁的年代，很多人已经找不到了存放它的位置。但是，在每个人的心底，又始终怀揣着这样一个单纯的梦，于是我们感到了纠结与无奈。

演唱会现场，倪萍、周涛、李瑞英、张国立邓婕夫妇现身助阵，站起来不断跟观众挥手示意。观众则大喊“毛阿敏，我爱你”，场馆里还打着“北京老爷们爱你”和“老毛给力”的灯牌。

也许，他们爱着的、想着的并不是毛阿敏，也不是那些音乐，而是这个场景让他们回忆起了那些满载幸福与辛酸的逝去的岁月，以及那些久违的故事给他们带来的感动与真实。

毛阿敏再次换装的时候，大屏幕上放着1988年毛阿敏演唱《思念》的录像，放到一半的时候，音乐没了，大屏幕上赫然清晰地写着“你还想听吗？”五个大字。

随后，当毛阿敏以1988年春晚的造型并迈着相同舞步演唱成名曲《思念》的时候，全场掌声雷动。

作为一个策划人，这部分的转场让我觉得设计得真是经典，太有创意了，牛，真牛。

唱到最后一首歌时，《掌声响起》让毛阿敏禁不住感动而潸然泪下，而现场的很多伴随毛阿敏一起成长的观众，也在毛阿敏的歌声中落泪——回忆总是容易令人伤怀。

21点30分，在毛阿敏不停地哽咽和现场观众经久不息的掌声中，音乐停止，灯光亮起，我们就此挥手告别。

告别的是什么，所有的人都已经散场，而我还留在回忆里不肯退后。

这个夜晚，这个属于毛阿敏的夜晚，这个属于回忆的夜晚，这个属于告别的夜晚，有些感伤，有些怀念，有些无奈，有些了悟。

我们就这样，一路奔走着，遗弃着，回味着！

经历过的昨天，总有人不断回放

拉开窗帘，阳光从大大的落地窗晒进来，屋里顿时一片明媚，晓寒没有灿烂，也没有腐烂，有的只是沉静。

在地铁车厢里站着睡去，奔跑着追赶末班车，在漆黑的小区里找寻归家的路，深夜独自在厨房做饭——分别那时候的晓寒，那个年代的晓寒，还有那些逝去的青春，含着笑挥泪诀别又一年的晓寒。

时间来到2016年3月3日，两天后就是惊蛰。仲春时节开始，蛰虫惊醒，天气转暖，渐有春雷。

时间就如同手掌中的水，再怎么使劲去握，终究水还是会消失得无影无踪。人生是不能回首的，一回首就会发现时间没了，年龄又大了，心里的想法也不回了。

晓寒一直在想，关于2015年的历程，该如何落笔呢？分春夏秋冬来写，分酸甜苦辣来写，分白天和黑夜来写，分不同的歌词来写，除了不知道，还是不知道，心里始终没有答案。

在洗脸的一瞬间，晓寒望着镜子中那张越来越陌生的脸，突然灵光一闪，他想要的答案出来了，他想写的东西有着落了——凌乱，在凌乱的画面中追忆他过往真实的一年。

其实，只要把晓寒过去一年发过的微信朋友圈和QQ空间的说说，整理和存放到一起，那就是一个完整的历程了。但是，也许把那些凌乱却真实的画面再一次从脑海中抽出，晓寒的2015年的脚印更为清晰。

公交＋地铁＝走完2015的路

我曾经跨过山和大海，也穿过人山人海，我曾经拥有着一切，转眼都飘散如烟，我曾经失落失望失掉所有方向，直到看见平凡才是唯一的答案。

938支1、938支2、938支6、小14路，从太玉园到土桥的路途，总少不了这些公交车。

时间过得甚是飞快，“十一”的时候，小14路还是只收现金，没想到几天前坐了一次，它已经不收现金，也换成了刷卡机。

记忆最深的还是938支6，因为晓寒经常飞奔着追赶属于他的末班车，每次跳上车的时候，那位售票员阿姨总是和蔼地跟晓寒说：“小伙子，怎么又是你？”

那一刻，晓寒觉得好温馨。不自觉地就想起了妈妈，想起了那些期待的眼神，想起了那个一年才回一次的家。

最感动晓寒的，还是那两次从土桥走到太玉园的两个夜晚。那两个夜晚，一个是因为赶不上末班车，一个是因为把支3看成了支

1，结果坐错了车。寒风中，晓寒双手插在兜里，背着耐克双肩包，一个人踽踽独行，走了 40 分钟。在树影斑驳的深夜里，突然感觉世界好安静，而晓寒原来如此真实地存在过。

地铁八通线的四惠站，一号线的国贸站，10 号线的北土城站，是晓寒每天换乘必经的站台。地铁上，鲁迅笔下的冷漠与麻木偶尔就会呈现,似乎还有些许卑微与怜悯。地铁就是这个社会的一个缩影，在里边晓寒总能发现有一个似曾相识的自己。

老狼 + 朴树 + 许巍 = 青春告别式

关于现在和未来，老狼如是说：

你始终不明白，一万个美丽的未来，抵不上一个温暖，温暖的现在。你始终不明白，每一个真实的现在，都曾经是你幻想，幻想的未来。

关于迷茫和希望，朴树如是说：都会好的，总会有的。那些风雨，还有阴霾，关于未来，就请你坦然。

关于自由和自我，许巍如是说：穿过幽暗的岁月，也曾感到彷徨。当你低头的瞬间，才发觉脚下的路，心中那自由的世界，如此的清澈高远，盛开着永不凋零，蓝莲花。

在他们的歌声里，我们步履蹒跚地走向属于自己的明天，告别每一个成长的瞬间。只是，让我们始料未及的是，仔细地品味童年的种种美好，我们就身处在了这样一个匆忙的社会，没有任何准备，就开始以自己拙劣的演技扮演起这个社会中的角色，并且慢慢变得成熟，老练，善于伪装自己。为自己上了很多层必要或不必要的保护色，那份单纯的童真也随着深藏心底了。

初入这样的世界，我们对黑暗的降临感到恐惧与不安，我们的种种弱点陷在黑暗中，找不到方向，随着落叶在风中摇曳。我们是真的感动了，为那种细腻的感情，为那种自然的真切，晓寒以为这就是他一直以来寻找着的解脱。

可是，突然有一天，我们都静下来了。嘈杂的音乐听起来只有烦躁，以前的安静早已荡然无存。想想那些曾经跋涉过的日子，在刹那间的绽放过后，留给记忆的是超负荷的沉痛，剩下的只是缥缈与失望。

2015 年，晓寒在他们的音乐声中，看清了很多东西，也明白了很多东西。或许晓寒怀念的不是那些无忧的时光，而是一份单纯的心境。

写着写着，感觉心情异常的沉重。其实晓寒很清楚，寥寥几千字是无法完整演绎这一年的心路历程的。

晓寒知道，那些他生命中来了又走了的人；晓寒知道，那些他人生旅途中似曾相识的风景；晓寒知道，那些他曾一度痴迷和苦苦追寻的梦想，终究也可能只是擦肩而过。但晓寒还是要感谢他们，感谢他们给晓寒带来的感动，感谢他们让晓寒学会了成长，感谢他们让晓寒在回忆中多了一份念想。

天亮的时候，黑夜终将隐去。现在是 2016 年 3 月 3 日，晓寒在《那些花儿》的音乐声中沉沉睡去，而晓寒的人和晓寒的梦也将一去不复返。

再见，那些与晓寒擦肩而过的你们！

再见，那些晓寒的远去了的青春！

再见，与晓寒就此诀别的 2015 年！

愿经历千回百转跋山涉水的自己，带着一个“我喜欢”的梦想，面朝着一个“我喜欢”的不再事与愿违的未来走下去。

第三章　感情是每个人都难以抗拒的澎湃

相遇的上一刻，我想到的都是“不可能”

繁世缭乱，终究是与己无关。得失取舍，毕竟是与人无尤。

再次见到姜姐，我已大学毕业 7 年，而她已大学毕业 8 年。

坐在南锣鼓巷的星巴克咖啡馆里，我还是习惯性地点了一杯抹茶星冰乐，而她则由最爱喝的卡布奇诺换成了拿铁。我诧异之余，却什么也没多问。因为我一直习惯了别人不说，我就不问。毕竟，每个人都有一些欲语还休的故事和深藏心底的秘密。

作为我的学姐，姜姐大一时其实是外国语学院教育系的。大二的时候，她才转到了我所在的经济管理学院。那时，她在会计系，我在市场营销系。巧合的是，大一时我也想转系，因为市场营销专业的课程实在是太无趣了。为此，我多次在微积分和线性代数的课上，偷偷溜到三楼的中文系听课。其间，不知道帮了多少不认识的中文系同学答“到”。后来终于可以转系的时候，我却因为舍不得那帮一起上下课和踢球的室友，果断放弃了转到中文系的机会。四年后，我收获的结果是，微积分挂了科，而中文系的老师一直不知道那个上课很积极，考试却没影的学生到底叫什么。

跟姜姐客套完后，我们不自觉地就聊起了一些学校里的生活，聊到那些我们在学校里都认识，但毕业后却再也没见过面的人。好在当下社交很便利，有了微信朋友圈，我们偶尔也能或主动或被动地知道一些他们的生活，不管是用 PS 修饰过的，还是直接素颜的，不管是真实的，还是他们愿意让我们看到的。

赋闲在家的 A 君，做起了电子产品的代购，他的微信朋友圈里整天看到“佳能”“尼康”“奥林巴斯”在自相矛盾地“攀比”着；进了银行的B君，每天发的都是哪个产品的利率高，如何理财更划算，哪家银行贷款更便宜；进了外企的C君，每天都是“随手转发正能量”或是“公司今天又来了一位品学兼优的美女领导”；做养颜护肤的微商 D 君，每天都属于刷屏的节奏，不断地宣传自家的产品有多好，要么是让人返老还童，要么是让人青春永驻。我唯一能肯定的是，他们自己肯定不会相信自家的产品。当了公务员的 E 君，晒的多是各种会，间或饭局酒局。还有 F 君、G 君、H 君、I 君……

我们从 A 君聊到了 I 君，然后笑着把各自点的饮料喝完，接着又都点了一杯。其间，姜姐问我：“小韦，你在北京待了 7 年了，其间就没有想过离开吗？这不像你的性格。我可还记得你最常说的话就是‘无始无终，人生即遍路’，几年不见，你真的心甘情愿地选择了安稳？”

面对姜姐突如其来的问题，有那么一刻，我脑子发蒙，完全没有了思想，也不知如何回答她。我就那么呆呆地看着手里的抹茶星冰乐，面无表情，沉默不语。

看到我的神情，姜姐也没多问，也跟着我发起呆来。我让自己沉静了一小会儿，然后对姜姐说：其实，很多时候，我真的不知道，这个城市到底好在哪里，为何有那么大的吸引力，为何每天都有那么多人涌向这里。是因为这里见识广机遇多？容易找到活着的证据？容易找到自我的价值？容易实现梦想？容易光环罩身？自我催眠？似乎是，似乎又都不是。有多少人酒醉后叫嚣着：我明天就离开这里！开始新的生活。然后，第二天醒来，“我”还留在这里，继续上班，继续重复生活，继续叫嚣，继续没完没了的奢望人生，继续迷失在偌大的北京。而当年那张满含激情和梦想的终点站是北京的火车票，早已蒙上尘埃。而现在的我们，还是自己曾经喜欢的样子吗？

又是一阵沉默，然后姜姐说了五个字：这就是生活。

为了打破有些压抑的氛围，我决定换个话题，赶忙在姜姐继续发话前问她：“姜姐，你这次真的定居重庆啦？还会有变数吗？”

“不知道，也许吧！”这次姜姐的回答多了一个字。

对于姜姐的答案，我深表认同。想想也是，作为我身边认识的男男女女里边，最富传奇色彩的一个人，“安定”这个词用在姜姐身上，岂不是亵渎了她。

上大学时，姜姐为了躲避一个男生持续不断的追求和表白，果断买了车票，只身跑到了青岛进行“爱情避难”。在那个我很喜欢的，有海的城市，她一个人玩得不亦乐乎。天天从旅店往海边跑，早上看日出，中午看涨潮落潮，晚上看日落。爱情对这个时候的她来说，太束缚，太沉重，她喜欢的是自由。

大学毕业后的第三年，偶有联系的姜姐给我发来个短信：小韦，我要准备结婚了。看到这条短信后，我恍若隔世，有些难以置信，一直以为自己在做梦，然后用手掐了一下胳膊，真的好疼，然后我如梦初醒，确认了姜姐的话是真的。之后的一段时间里，我开始关注姜姐的动态。看她在微信朋友圈里各种晒幸福：带男友回家与家人吃饭，与男友一起出去度蜜月，去民政局领结婚证，穿婚纱的准新娘，刻着“此生唯一”的钻戒，他们婚后的新房子，准备办喜宴的酒店。

看到这些，我在心里着实为姜姐感到高兴，并默默地等着她的请柬。然而，一个月之后，我等来的却只有她的一条短信：小韦，我离婚了，现在在韩国，有了工作，买了房子，买了车子，还是过着我喜欢的自由的生活。姐一切安好，放心吧！

看完短信，我感到自己的五脏六腑都在剧烈地抖动。我没有回复姜姐的短信，也没有打去电话询问原因，以及给予安慰。这是我的习惯，也是姜姐的习惯。也许，爱情对于姜姐来说，真的是太过沉重了，她背负不起。

其间，我们都忙于各自的生活，为有可能某一天会实现的光怪陆离的梦想打拼着。这一年，我们联系不多，但从未间断，只是我们都很默契地从未谈及姜姐的那段让人捉摸不透的爱情故事。

日子在忙忙碌碌却不知所以然中又过去了一年，在情人节的晚上，我接到了姜姐大学毕业后打给我的第一个电话。

她在电话里说：“小韦，你们南方的冬天真是阴冷，我一个东北人在你们南方被冻成了狗。”

“什么？韩国的冬天也跟我们大广西一样，冰冷决绝吗？”

“别闹，我已经回国了，就在你家乡附近，我现在在深圳。我已经把韩国的房子和车子给卖了，我喜欢粤菜，于是决定留在深圳了。你哪天出差路过这里，姐请你吃正宗的粤菜。”

“好的，姜姐。我先平静一下，你把电话挂了吧！我平复好了心情，回头再联系你。南方冷，注意保暖，外出记得多穿衣服。”

“了解，别太意外，这才是你的姜姐。我挂了，拜拜。”

“拜拜。”

挂断电话，我总感觉身边有一股南方的寒气袭来，有种掉进冰窟窿的错觉。可是，我明明是在北京，而且是在有暖气的屋子里。可我不知道为什么，就是感觉寒冷。我扔掉电话，爬到床上，裹紧被子，沉沉睡去，不去猜想明天是阳光依旧，还是大雪纷飞。

姜姐在深圳的这一年，我始终在忙碌工作着，却一直没有出差去深圳的机会。整天累得跟狗似的，却不能像狗一样，有主人天天带着去不同的地方溜达。

后来听姜姐说，在这个跟北京一样的繁华城市，她又遇到了让她心动的男人。为了这个男人，她愿意收起自由和漂泊的心，真正安定下来，去构筑一个叫“家”的地方。

听完后我不置可否，难言“信”与“不信”。毕竟，一些男男女女，早已习惯了匆忙相遇，匆忙产生好感，匆忙相爱上床，然后匆忙后会无期的告别。

我只是真心希望，姜姐能自由地快乐着、幸福着，不管是在哪一座城市，不管是遇见谁，不管是和谁在一起。因为生活只是一场旅行，我们只是时间的过客，谁也不能例外，虽然谁都觉得自己有可能是个例外。

又一年匆匆而过，我上班的地方从安定门搬到了 798 艺术区对面的恒通国际创新园。上班的距离更远了，工作却依旧在重复，那些有过的厌倦再次卷土重来。而姜姐还是一如既往地跟我说："没事的，这就是生活。"

2015 年清明节的当天，姜姐给我发来一张夜景很美的照片，并让我猜是哪里的夜景。我仔细看了又看，问她："你去了香港？"她笑笑说："我不在香港，但也不在深圳了。这是有着'夜香港'美称的重庆的夜景，美吧！"

我瞬间又失语了，虽然我已经提早给自己打了预防针，但还是被她给惊到了。

"姐，这次你是短暂地停留，还是暂时性地定居？"

"你问得对，却也不全对。我这次是永久性地居住了。"

"又是因为某个男人吗？"

"哈哈哈！别这么说，你姐能是这样的人吗…"

"说实话！"

"这……这次是个外国友人，我去重庆散心的时候遇到了他，我们聊得很投缘，性情相通。他带我在重庆游玩了半个月后，我就回到深圳，把房子退了，把东西打包，就来到了重庆。我现在在重庆开了个小店，足以安顿我的生活了。"

"完了？"

"完了。"

"这就是生活！"

"这，就是生活！"

四段感情，四座城市，四种角色，四种生活，让姜姐成了我身边最为传奇的一个女子。喝完第二杯抹茶星冰乐的时候，我跟姜姐说：“在你离开重庆前，我一定要去重庆看看你。你到时要请我吃正宗的重庆小面，看正宗的重庆夜景，说正宗的重庆话。”

姜姐笑着说：“不见不散”。

然后，我与她挥手道别，目送她上了前往北京 T3 航站楼的出租车。

她每一次到来和离开，从来都不让我接送，这是我们约定俗成的“规则”，谁都不能破例。

八月长安曾在《最好的我们》里说过：“当时的他是最好的他，后来的我是最好的我。可是最好的我们之间，隔了一整个青春。怎么奔跑也跨不过的青春，只好伸出手道别。”

可是，陈亚豪在《愿你敢爱如那年，但已不匆匆》里说的又是另一番感悟：“你一定要相信，有一天会出现一个人，就和你一直在寻找的，一直以为不可能存在的，一模一样。他会让你感谢生活之前给过你的所有刁难，会让你像流沙、像落雪，那些别人在上面划了又划的痕迹，他轻轻一抹，就平了，会让你在心底重新生长出爱情。你要好好地等他，要相信他一定会穿过人海，让你找到他。”

对于爱情，不同的经历、不同的命运、不同的结果、不同的人物，会发出不同的声音。不管是八月长安，还是陈亚豪，还是姜姐，他们的爱情箴言，都对，也都不对。可以信，也可以不信。而我也知道，人与人之间的相遇，无外乎是始惊，次醉，渐迷，终醒地轮回上演。

所以，关于爱情，其实，你我都猜不到结局。既然如此，那就像姜姐一样，自由地走着，爱着，生活着吧。

简单的爱不简单

昨天公司开展了户外拓展训练，我们一行九人开始了攀登北京市第二高峰、海淀区第一高峰——阳台山之旅。

8 点 30 分我们在地铁四号线的终点站安河桥北站集合，9 点 20 分左右开始攀登。到达海拔有 1287 米的山顶时，人员之中就剩我、公司 CEO 付总和一个策划部的男同事，其他人都放弃了登顶。

他们都惊叹和羡慕我这么瘦还有这么好的体力，其实我 2008 年大学毕业后就很少进行体育运动了，现有的身体条件都是大学四年踢足球时积蓄下来的。付总说年轻真好，其实我也不年轻了，奔三的人了，谈何年轻啊!

到达山顶的时候，谁曾想山顶竟然还下起了雪，我拿起对讲机问了一下停留在第二个山峰的同事，他们说他们那下的是雨。于是，我终于见识，也终于相信了“六月飞霜”是绝对真实的。

从第二个山峰攀登到山顶的路途中，需要经过森林火灾消防通道，也只有在那里手机能接收到信号。我抓住这个机会给一个女孩打了电话，她是我认识了七年的红颜知己，而且那天是她 27 岁的生日。给她送去生日祝福后，我觉得可以写写她的故事。

下午 5 点左右，我们回到了山脚下。因为付总的孩子发高烧，他急需赶往医院，我们取消了聚餐的计划，先各回各家好好休息。希望付总的孩子一切安好，祝福小家伙身体早日康复。

在地铁里，我看着进进出出的陌生的面孔，在脑子里不停地回忆着我所知道的那位红颜知己的故事,可是因为太困,脑子始终很乱，记忆也跟着模糊成一团，只好望着窗外发呆。

经过四号线安河桥北到一号线的西单，再到八通线的梨园，然后到 938 支 6 的太玉园小区，辗转了四个不同的交通线路之后，于晚上 8 点 10 分，终于安然到家。

像每一个平常的日子一样，动手做饭再吃饭，然后洗澡、洗衣服，接着把屋子收拾得干干净净，又用电脑放着熟悉的音乐，躺在床上读《海底捞你学不会》，然后睡觉，只是困得忘了关灯，半夜起来喝水才发现灯还亮着,我在迷迷糊糊中还以为今天天亮得真早，奇怪的是我还这么困。

天亮了，周日到来。我那位认识了七年的 27 岁的红颜知己的故事可以拉开序幕了。

认识她的时候，那一年她 20 岁；认识她男朋友的时候，那一年他男朋友 19 岁。认识他们俩的时候，我不记得自己多少岁。之所以能认识他们并成为好朋友，是因为我们三人当时都在“求索文学社”。2004 年的时候，她是主编，我和她男朋友同是编辑部的编辑。

为了叙述方便，以下她简称猫，她男朋友简称鱼，而我再怎么简称也还是我。

最开始的时候我们谁也不认识谁，因为猫很少去文学社开会，她讨厌例会这种形式。而鱼每次都准时出席，刚上大一的鱼特别循规蹈矩。我也每次都去，因为我发自内心地喜欢文学和写作。

那时候，很多人都注意到鱼长得很像周董，很快就在文学社里传开了，于是之后的例会，我看到了作为主编的猫开始频繁地出现，只是她过来不是因为鱼长得像某明星，而是因为鱼每天投的稿件就有六七篇，而别的成员一星期才投一篇，猫想看看这个鱼到底是何方神圣，竟然如此高产（多稿）。

然后我们仨就这样认识了，并各自留下了手机号码。虽然我们三个志趣相投，但是私下联系还是很少，因为大家还不是很熟悉。

2004 年，我所在的大学举办了首届新概念校园文学大赛，鱼和他舍友参加了比赛，坐在最后一排的猫是监考员。比赛开始还不到 40 分钟，跟鱼坐在一起的舍友说他不想写了，想出去抽根烟，于是鱼把还没写完的稿件直接收尾，走之前从书包里拿出订书机把文稿装订好，然后交给坐在最后边的猫，跟舍友昂首而去，猫被鱼的这一举动（拿订书机装订稿件）弄得目瞪口呆。

这次比赛的结果有三个很有意思的片段：一是鱼没写完的稿件获得了优秀奖，一是猫用笔名（监考员不允许参加比赛）写的稿件获得了特等奖，一是猫偷拍了几张鱼在考场的照片（她俩谈恋爱之后，猫自动招供并上交了照片）。

人与人能走到一起，除了偶然之外，也存在着必然。2004 年的时候，猫是系篮球队的队长，而鱼是足球队的。上体育课的时候，两个不同年级不同系别的人竟然有幸在一个场地上上体育课，也许这就是注定中的缘分吧。

大学四年，鱼每次踢足球的时候，都喜欢猫站在场地外边看着他在球场上飞奔的身影，鱼说只有在足球场和写作中，才能看到真实的自己，那是鱼青春最好的诠释。那个微凉的有些阴沉的午后，那片熟悉的足球场地，猫送给汗流浃背的鱼一听 2.5 元的百事可乐，那份纯真的美让鱼久久不能忘怀，作为倾听者的我依旧心怀感动。

认识鱼之前，猫是不知道许巍的，认识鱼之后，猫喜欢上了许巍有些沧桑有些沙哑有些朴实的嗓音，特别是鱼给她唱过的那一首《故乡》。除了许巍之外，他们还有着许多能产生心灵共鸣的音乐。此外，还有他们都喜欢一些作家，比如席慕蓉、汪国真、几米……当然少不了韩寒。

鱼 20 岁生日的时候，猫陪他去了一趟青岛。在栈桥的海边，他们捡到了 20 个活的海星，那一刻鱼笑得像个孩子。

鱼的笑容是可遇不可求的，他那张忧郁的脸总能让我想起我一直都很喜欢的八哥犬的表情。有些人是故作深沉，而鱼的忧郁是与生俱来的。也许是因为鱼太过于理想化了，容易被现实所伤，因此忧伤不止。

2007 年，猫大学毕业，他们没有像《毕业那天我们一起失恋》中的故事那样，各自奔天涯，从此相忘于江湖。猫留在了他们读大学的城市，找了一份稳定的工作，等着读大三的鱼。

2008年1月9日，读大四的鱼和毕业半年的猫一同来到了北京，开始了他们的北漂生涯。

北漂的日子里，他们去北海公园喂流浪猫，他们去爬长城，他们在现场观看奥运会，他们走过了一条又一条由陌生变熟悉的路。在各种苦难面前，他们的爱愈发地执着和坚定。

2009年，他们领到了小红本本。看到他们的合影照，我乐得不行。小红本上猫的笑脸绽放如菊，而鱼的笑脸还是有些羞涩。

2010年，身为人妻的猫更进一步，成了贤妻良母；而鱼也开始学着如何更好地为人父。看到他们帅气的小宝宝，我为他们感到由衷地高兴，并深深地祝福他们一家三口幸福、快乐、平安。

2011年，中午休息打乒乓球的时候，鱼无意中听到有人在谈婚前做财产公证，免得离婚的时候会发生财产纠纷。

那一刻，鱼震惊了。鱼不明白这个社会怎么了，还没结婚就先想到了离婚，想好了财产的分配。真爱在金钱面前，原来是如此的不值一文，可以随意践踏。

这个时候，鱼感谢猫让他相信这个世界还有真爱，因为他俩结婚的时候，鱼没房没车没钱。鱼知道苦了猫，但鱼坚信这种苦只是暂时的，因为鱼坚信自己的梦想，坚信命运掌握在自己的手里，坚信用自己的双手赚来的财富和幸福才是快乐的、长久的。

猫也坚信鱼能给她带来真正的幸福，猫欣慰于看到鱼一天天地成长，一天天地距离自己的梦想越来越近。

2011年，愈加物欲横流的社会现实让一些人变得有些浮躁和不安。猫、鱼、我以及我们认识的很多人，都看到了身边很多的人，他们婚姻的目的不再是真爱和幸福，而是把婚姻当作获取权利与金钱的工具。

2011 年，总有那么一些人，以为“钓”个钻石王老五就跟钓鱼一样简单；总有那么一些人，把自己幻想中的奢侈生活寄托在宝马男、奔驰哥等富豪们身上，从此寄生虫们越来越多。

2011 年，看到这种不见消逝的现象，鱼已经不再口诛笔伐，也不再振臂呐喊，鱼只是欣然接受，因为存在即合理。每个人的追求都不一样，鱼无权过问和指责，也不屑去理论。鱼只是坚持做好自己，鱼只是坚信：人为什么活着——梦！

有些扯远了，本来只是想写写猫和鱼的故事的，结果又扯到了社会现实中来。也许，写与不写，社会现实都在那。

最后，只想对鱼说一句话：“执子之手，与子偕老，记住你对猫的承诺。”

最后，还想对猫说一句话：“我们认识的鱼，他成熟了，他开始有所成了。但是，鱼爱你的心始终没变。只是那条不善表达的笨鱼，很多时候习惯了把爱深藏心底。”

最后，我想对自己说一句话，作为鱼的朋友，作为猫的红颜知己，我会远远地注视着你们，默默地守候着你们的幸福。

每个人的心里都有一片海，空无一人，容得进天地，却放不下自己。

你的樱木花道去了哪里

一开始没打算写这些文字，只是重温了阿 Sam 的《去，你的旅行》，同时得知一位从北京远嫁内蒙古的同事由媒介转行做了记者，还有与同学、朋友聊到梦想这个人生比较沉重的话题，这些事情串联到一起，又让我想起了上学时手写的关于理想的课堂作文。于是，我在这个刮着 5~6 级北风的午后，独自走在明媚却不温暖的大街上，行走，思考。

今天是元宵节，猴年春节的最后一天。听说今天很多地方都会燃放烟花，有些城市甚至规划好地方，集体燃放。不知道是为了欣赏烟花的美丽，还是便于之后清理垃圾。

记忆中，我好像还没燃放过烟花，只是点过鞭炮。每次看到烟花，我总能想起张爱玲，想起那个寂寞苍凉的文艺女青年。

更多的时候，我还会想起大一那年元宵节的夜晚，我坐在返回北京的火车上。当夜幕降临的时候，火车正好开到了武汉，然后很解风情的临时停在了武汉长江大桥上,我就从车窗里往外使劲眺望,看着武汉上空漫天的烟花，还有水里那些美丽的倒影。当时，脑子里不自然地就蹦出了“你比烟花寂寞”的字眼。

周末的时候，房东大哥过来帮我修理有点漏水的热水器。走到楼下时，房东大姐从车里拿出一长串鞭炮送给我，上边还写着恭喜发财炮，叮嘱我元宵节的时候燃放。那一刻，真的好感动。在这个繁华胜过人情的城市，两个异乡的人让我顿时深感温暖。这种来自陌生人的温暖,我在这个待了八年的城市里已经很久没有感受到了。

过年的时候，跟一帮朋友聚会。一行人坐在一起吃饭、唱歌、喝咖啡，很简单，很温馨。这种时候，我都很少说话，突然间就失去了言语的功能，就像小时候坐在餐桌上看着大人们谈天说地，而自己却沉默不语。

不同的是，小的时候，我是听大人们回忆自己的过去，构想自己的未来；而现在，我是听同龄人怀念他们的昨天，畅想他们的明天。而我依旧身在其中，却默然不语。不是我没有融入，只是再一次失去了表达的功能。

我们这一行人都是80后，最大的已经36岁了，最小的也已经27岁了。他们不再像小时候一样嬉戏玩耍，而是聚在一起谈论人生、谈论生活,虽然其中少不了调侃,但是言语间我却能听出一种叫作“成熟”的味道，以及某种历经生活的疲惫和沧桑。

碰杯的时候，一句“同归于尽”拉下了2016年聚会的幕布。

从家里返京，到北京站的时候，火车依旧晚点了一个小时，不过比上次好，上次晚点了两个多小时。到站后，我依旧打车回家。

到家的时间早了，不过比上次多花了不少钱。

“必要的敏感，与一直的善良。必要的理想，与偶尔的失重。必要的文艺，与偶尔的邪恶。”这是《去，你的旅行》的序里，一段我很喜欢的话。看完书之后，我拿起台历，算了算时间，清明节、劳动节、端午节、中秋节、国庆节，也许，我又该规划下一段旅行了。

我喜欢和习惯了就这样一直一直地行走着、倾听着，从陌生到熟悉，从熟悉再回归陌生。有些时候，旅行的意义是为了找寻安放青春、安放自我和安放真心的位置。

总有一些人，怀揣着难以割舍的梦想，却不知已经在这漫长的旅途里迷失了自己；而另外一些人，却在不断地遇见新的人生，在每一段旅途和故事里都渴望重新开始，最后却丢掉了人生的指南针。

明天，也许我们都不知道自己会身在何方！

坐公交车的时候，总是会莫名地想一些人生的哲学问题。此刻是下午一两点钟，窗外阳光明媚，耳边是怀旧的音乐，忽然觉得心情有些波澜起伏。

记得很多年前，苏也讨厌两三点钟的冬天下午，觉得时间很快，过了这个时间天就快要黑了，阳光不够明媚，白天不够长，转眼一天就没了，悲秋悲冬的好像只有两个季节够长。

苏说她已经很久没有安安静静地看风景，只是漫无目的地走着，听音乐，听风声，这个北京的初春，有些树梢已经在悄悄萌芽。

这几天苏一直在重温《灌篮高手》，大约是因为她看了网易上的一篇文章，关于井上雄彦在一所废弃中学教室的黑板上，用粉笔画了 23 间教室的黑板，描绘出在《灌篮高手》大结局“湘北对山王工业之战”发生10天后的“他们”，书名叫《灌篮高手十日后》。

于是，苏点开了叫作热血青春校园的标签，事实证明，她看了绝对一如既往地一发不可收拾。

回忆满脑袋都是，初二那年，苏遇到美好的他。初三那年，打篮球破碎了的眼镜，由于是土球场踢球多次扭伤的脚踝，挫伤手指她们教苏如何恢复保养……

学习期间，偷偷和苏一起打球的那群女孩子，现在应该都是孩子妈了吧？不知道是不是还能跳得起来，还能记得高一那年最后一场球赛篮架下的一排矿泉水瓶，好像还是那么美，说好的再聚，转眼后会无期。

苏说高一飘着雪花的午后，谢谢你让我遇到。当苏和他再次擦肩，是在北京始发错过的两辆不同的火车上。后来，苏来到了他的城市。纠结了很久，苏还是没去找他，总害怕见到的他，或者他见到的苏，早已都不是曾经的模样。丢失了回忆里的美好，不如不见。

高二捧着“真心”瓜子看球的体育课，那三个女孩子，还记得你们的真人版藤真、流川枫、三井寿吗？而苏，最喜欢的，始终还是樱木花道。

高三学习最忙的时候，苏还记得她们来看过她。她们跟苏说这个高中啊，就剩下你一个人了，快毕业吧！

之后，高中毕业，去省外上大学，大学毕业，工作。真的走出去了，而且走得越来越远，才发现，原来真的就剩下苏一个人了。

偶尔有人会跟苏说，你会打篮球啊！苏想说那是个很长很长的故事，印在她已经开始健忘的脑袋里。

阿 Sam 在书中写道："认识一个人，熟悉一个人，或者，路过一座城市，熟悉一座城市，都需要因缘。"苏错过了她的樱木花道，而我仰慕的流川枫也不知道去向何方，还有很多少年当初喜欢的晴子，也下落不明。

那些青春岁月里，我们都曾错过彼此的因缘际会，这就是成长。就像逃跑计划乐队在《阳光照进回忆里》唱的：但愿总有阳光照进回忆，青春像花永远开在心里，太拥挤的城市里，理想丢在哪里，有流星划过黑夜不再恐惧，总有遗憾所以美丽，青春里下过的雨，如今流向哪里。

你依法成为我生命中最抢眼的风景

在地铁和公交车上因多次打盹而坐过站后，薰风在QQ签名上发出了内心真实的感慨——“头昏脑涨，只想好好睡一觉。活力还有，只是体力不再。”

QQ签名修改完后，薰风依然得投入到忙碌的工作中，即使他已经累得快坚持不住了，但是依然要坚持，除了坚守职业道德和职业素养外，家庭的责任感让他必须站立起来。

薰风时常在想：自己写过的散文、随笔已经不下万篇，可是从没有哪篇是专门写她的，她是那个被称之为薰风法定妻子的女孩。

从大学里的邂逅到求索文学社的相识，从四年大学的浪漫时光到两年北京平淡的生活，六年光阴就这样在他们还没来得及回忆的时候悄然而逝，留给他们更多的是感慨宿命、注定和命运的安排。

从竞聘副主编到离开求索文学社，从一天五六篇散文的投稿到所有的心情文字收录于自己的博客里，从足球一踢就是一个下午到偶尔踢上一两个小时，薰风在不断地转变自己。转变是因为她的出现，而薰风也在慢慢地找寻那个最真实的自己。

有些事情不常提及并不代表薰风忘记，只是因为他喜欢把它珍藏在心底，喜欢一个人细细地品味。而那些深深地打动他的情节，在一个人独处的时候，一遍又一遍地在他脑海里翻转，就像电视里不断回放世界杯经典进球的那一瞬间。

在他们最困难的时候，她可以中午只吃个泡面或者不吃饭，而把午饭的钱省下来预留到晚餐里。晚餐的时候她亲自下厨做上一顿丰盛的菜肴（虽然只有一个鸡腿和一盘素菜），等着他下班归来，然后坐在一旁看着她心爱的人“狼吞虎咽”，而她只吃着素菜（她不像别的女孩那样说我正减肥的“善意谎言”，而是告诉薰风她中午“吃过”一个鸡腿了）。

每当这一幕在眼前飘过，薰风总是双手握在一起，哽咽、沉思，然后告诉自己让一个深爱着自己的女孩吃苦是自己人生最大的失败。他提醒自己一定要让她之后的人生在幸福中度过。

她可以不买高档的化妆品，却可以为了薰风能看上奥运会比赛买一台超大尺寸的全高清电视机。

她可以穿着在北京动物园服装批发市场买来的十几块钱的衣服，却可以保证薰风的穿着绝对不会比别人差。

在薰风生病了的时候，她可以放下一切陪伴他。

她可以为了薰风这样，也可以为了薰风那样。

写下这些文字的时候，薰风站在23楼的窗户前，望着水立方和鸟巢，问自己：“我能做到吗？”

结婚的时候，薰风没车没房，存款也只是刚过五位数。

结婚的时候，薰风只给她买了个不到一百块钱的戒指（薰风愿意给她买贵的，只是她舍不得花钱）。

结婚的时候，她婚车没坐上，连婚纱也没能穿上。

如此寒酸的婚礼，她依旧喜笑颜开，而薰风的内心则留下了二十四年来最大的愧疚感，始终无法抹去。

薰风承诺过会在自己而立之年，给她一个温暖的窝。五年，是薰风的底线。

她说她最喜欢的还是薰风第一次送给她的戒指，但是，薰风会在结婚周年纪念日给她一个惊喜。

那个去海边拍婚纱照的约定，薰风没有忘记，他会在明年的她或他的生日时兑现。

幸福的生活也不免有吵架的时候，薰风总是习惯吵完架后再哄她，偶尔还调侃一下："咱俩在一起真是孽缘啊！"而她则习惯了不搭理他，再任由他拼命地哄她。

生活的点点滴滴，一直记录在薰风的心里，他只是不习惯表达出来。而她，偶尔会认为他不在乎她。但薰风坚信：她一直是那个能读懂薰风内心的人。

2008 年，北京，大学毕业的第一年，月入两千多的薰风只是个策划撰稿人。

2010 年，北京，工作后的第二年，收入稳步增长的薰风已经迈上了一个新的台阶，成功转型为高级策划经理。

薰风想告诉她的是，职位的提升和收入的提高不会改变薰风的心智，他的心依旧是六年前的那个薰风，因为他想要的只是一份纯真的爱情和一种简单的生活。

而这也是她一直追求着的完美生活，薰风会用心去守护她这个简单的梦想。

那个被称之为薰风法定妻子的女孩，感谢你在薰风人生最低落的时候“不抛弃不放弃”他。

那个被称之为薰风法定妻子的女孩，感谢你的善良和付出，让薰风有理由相信这个世界还是存在纯真的爱情。

那个被称之为薰风法定妻子的女孩，感谢你在薰风最闪耀的时候，一直在激励他，让他不至于忘记自己最初的梦想。

那个被称之为薰风法定妻子的女孩，感谢你的忍让和倾听，让薰风可以在不开心的时候耍耍小性子，发发牢骚。

那个被称之为薰风法定妻子的女孩，当你看到这篇文章的时候，薰风希望你知道这是他在回忆中流着幸福的泪水写的第一篇关于你和他的爱情故事的文章。

汉代才女卓文君在《白头吟》中曾写道：“凄凄复凄凄，嫁娶不须啼；愿得一心人，白头不相离。”作为薰风和他身边这个女孩的好友，作为一个旁观者，希望他们的故事可以温暖你我，让我们可以更加坚定爱情的纯真和善美。

暗恋是最美的情怀

和小智聊了大半夜，她说她男神的孩子出生了。

郁闷的她和我聊起了好多好多，自己上辈子一定是想要有才华，而不是有才华。所以，错失了那个叫“才华”的男人。

我安慰她，没事的，下辈子许愿的时候，一定要用好主谓宾、定状补。她微笑着，让我滚。

和小智相识，是在十几年前。她和我，还有韩，同在一个班级。

小时候的交集，大多是羡慕和嫉妒。小智和我姐姐很好，我们三个人经常一起玩，但那时候我身高和思维一样幼稚，她们会有些大女孩的私密话题。

每每想要聊私密话题，她们两人就会凭借比我长出 10 厘米的大长腿，一跃而上，坐在操场上最高的双杠上。而我，只能在下面看着她们窃窃私语聊着些“大人的话题”。

初中的小智，遇到了她生命中最重要的男孩，叫才华。

故事俗套得很，她和我说他喜欢上她的同桌的时候，我正在和我的同桌因为桌上的三八线用圆锥互扎着。我惊讶地看着她，一头雾水，满脸不解：同桌之间还能有爱情？

老狼的《同桌的你》，唱痛了很多人的青春，小智也一样。

那时候天总是很蓝

日子总过得太慢

你总说毕业遥遥无期

转眼就各奔东西

我们几个经常一起，用零花钱凑一包两块钱的“真心”瓜子，跑到篮球场边看各自的男神打篮球。小智的男神才华虽然球技还不错，但比起我和我老姐那些身高 1.9 米以上的男神来说，还是有不小差距的。

那时候的小智，满眼的桃心，目不转睛地看着她的才华。我一直觉得她不过是世面见得少，没想到就算看过《灌篮高手》，她却不为流川枫、三井寿等一干男神所动，依旧钟情于她的才华。

也许，那就是真爱吧，对于那个年代，那个年纪的我们来说。

高中时代，我们几个依旧不着调地搞在一起。下课的时候，聚成一排，指点楼下的校草哪个又帅了；上课的时候，除了自己喜欢的课认真做笔记，其他时间都是在写小纸条聊天。

我们几个都偏科，联合起来却力量惊人，常常是差不多的成绩。考场也经常是，用四个手指表示 ABCD 选项，作弊不被抓、考试一样的成绩，这都是上学时候的一些趣事。

尽管生活枯燥，小智却始终都是一个生性乐观、浪漫的人。高中的考试，常常是三个年级轮流使用考场，三年级用完了会是二年级考试，然后就轮到一年级。

小智在数学考试无聊的时候，就在桌子上留下了“你是谁？”的疑问。当第二天的考试到来时，居然有人回应，他们就这样一直聊到了考试结束。

当有个大眼睛妹妹来到我们班级，找谁是小智的时候，我们才知道小智考试无聊之时，居然还在聊天。只不过，她和妹子姓名都很中性，都没想到聊了那么久的考试课桌情缘，两人居然都是女生。

才华生日的时候，小智拿出了十几个书签，每个后面都有一句话对应着每一年一个成长、一个变化的意思。书签搭配着她洒脱的字迹、诗词配着书签的背景，我们都觉得她一定可以告白成功。没想到，当小智拿着礼物去给才华的时候，却听说他和小智初中的闺密在一起了。

小智回来后，只是不开心，轻叹着怎么会这样。面对这种被知晓自己心事、却抢了心爱男人的闺密，多半的女孩都会去吵架，不闹到天翻地覆绝不罢手。

有时候，我觉得她更像是《灌篮高手》里面的仙道，对任何事都是淡然、乐观处之。小智安静地埋藏了自己的小心思，只是淡淡然地安静了几天，又和我们不着调地疯疯闹闹。

有时候她会看着窗口发呆，或者听歌听到忘我。当老姐傻乎乎地去触碰她敏感的神经，问起是不是不开心的时候，她依旧乐观地说：

“‘最是人间留不住，朱颜辞镜花辞树’，同桌大了，翅膀硬了。”

大学四年，才华和小智的闺密分分合合，每次跌宕起伏之时，我们都会去小智那里问候，最近干啥呢？你听说了吗？……小智还是淡淡地说，强求的留不住。心里住着一个人，却不得。小智潜心学习，当我们几个人跌跌撞撞，好不容易拿到毕业证的时候，她已经是东北师大历史系的研究生。果然塞翁失马，焉知非福。

小智感情空窗期，也不知道这么多年是怎么过的，每每问起有没有新的目标，她总是笑而不语，典型的一棵树上吊死了。直到才华结婚了，直到才华有了孩子，她还是淡淡然地在远方祝福。

这也许就是爱，只是我不知道，为什么会这么爱而已。

爱情有时候，真的就如《汉书·郊祀志》里所言：“听其言，洋洋满耳，若将可遇；求之，荡荡如系风捕景，终不可得。”

这个时代，电视剧、网络剧、小说演绎了很多轰轰烈烈、百转千回的爱情，似乎不经历波澜起伏的感情，都不好意思称之为爱情。但是，有时候安安静静看着你，在远方，生活得幸福，也是一种深刻的爱。

这一点，我真的很佩服小智。因为，她的暗恋比我还要久，十九年。

一个人对另一个人的爱，还有默默关注，究竟要刻骨铭心到什么境界，才可以持续这么些年。看似不闻不问，却始终牵肠挂肚。

小智没有告诉我，而我也不想追问答案。

无面人，你的小毛衣一定很漂亮吧！

他的朋友圈，我从来不点赞

加了几天班，翻开微信，在一群求赞、求转发、微商秀美食的图片中，看到了一个爹带着姑娘手把着鼠标，学习作图的图片，美其名曰：“子承父业，从幼儿开始”。

笑过之后，想着又是好久没有联系这个老男人了，在下面留言“当你姑娘真倒霉！”

有种关系，扯皮互损也是关爱，不点赞，但知道你是发自肺腑地赞扬。

和韩相识已经记不得是什么时候，迄今至少有二十五六年。

浪漫点的说法是青梅竹马，时髦点的说法是星座不合。

对韩的印象，还源自于小时候。那时候他个子不高，瘦瘦的，但气场很强。胡同里有很多个小伙伴，呼风唤雨的。偶尔有谁被隔壁那条街新来的邻居欺负了，他都会帮着出头，为此我们都很崇拜他。

韩的父亲是个保安，曾经的理想是当个警察。那时候，我们都觉得维护世界和平的任务非韩的父亲不可了。

上小学后，我和他一班，每天上学放学打打闹闹，因为都住得很近，常常也会被父母拿来比较成绩。生性聪明的他，学习成绩经常都是比我要好些。我们有时候一起做作业，但大多数时候是一起出去玩。

夏天去水渠玩水，冬天去冰冻的荒地找老鼠洞，挖老鼠。如今想来，似乎无聊得很，当年却是其乐无穷。

疯疯闹闹中走过了小学五年，可怜的韩却在和我疯疯闹闹中，在一个桌角磕掉了门牙。他哭着说："完了！我要是找不到媳妇你就得嫁给我！"迷糊的我，一直到他找到女朋友前，最大的梦想都是快点有个女人和他结婚吧！

青春叛逆期，韩和我的唯一交集，居然也是在篮球场上偶遇。初中我们不在一个班，成绩稍逊的我留级了，和他拉开了距离。只是偶尔听说他当起了小混混，那个年代小混混往往会被人觉得很可怕，要远离。

没一起做作业，偶尔放学一起走。大多数时候，都是我和朋友打篮球时，发现他也在和他的朋友一起打球。

小时候比他矮一头，站在一起还挺像情侣的标准身高差的。初中时，我们的身高居然一样高了，瞬间觉得他优势全无。我会嘲笑他，看看吧！你就是心眼儿太多给坠的！他也会回敬我，你又胖了！毫无意外地，韩在我的谩骂和追打中，在操场上绝尘而去。

初中毕业那年，韩的成绩太差，去了白城师范读中专，我则去了重点高中。临别之际，对他还有那么些许的惋惜，毕竟他曾经学习那么好过，互相鼓励和祝福后，各自奔前程。

之后的相逢，大多是在过年过节，我会去他家做客，蹭吃蹭喝，他也会来我家溜达。我妈会说，韩你的头发长了，该剪了。他说，那叫艺术。

看着他的美术作品越来越有模有样，我笑他的墨宝是我初中工笔画的水平，他依旧对我进行着惨无人道的人身攻击，嘲笑我又胖了。

我心里想过无数种未来的可能，有一天他回去开个绘画班，或者找个地方当美术老师等等。

大二的时候，感觉有点颠覆。收到了韩的电话，他在大连，中专大专连读毕业后，抛开了所有的既定轨道，开辟了一条新方向。

加班、疲惫、异乡的孤独、未来的迷茫等等，我们互相鼓励着，第一次没有在言语上互相挤对，那时候我真的很佩服他的勇气，那么勇敢地出去闯。

当我大四疲于奔命找工作的时候，他已经是个 4A 公司的设计了，开着二手的飞度，月薪五千多块，对于我这个每月拿着 500 块钱生活费，找 1500 块工作都很费劲的毕业族，简直是有种面对土豪的感觉。

“你那个飞度就像个面包！”

“你那矮胖矮胖的身高，长得才像面包！”

“以后你打算留在大连吗？”

“是啊，买完房五年就可以落户了，这里应该就是我的家了。你以后打算去哪？”

“没方向，不知道，很迷茫。”

“你要是瘦到 100 斤以下，我就娶你。”

“……你先补牙吧！”

后来，他终于有了女朋友，结婚，生子。我漂到了北京。偶尔的联系，基本上都是在 QQ、微信问问：

“你过年回家吗？”“去媳妇家过年！”“你今儿来我家啊？”“不去，没看着外面下雪了吗！老子摔伤了娇嫩的身体，你也不能养我啊！”

见面第一句话，经常是“你咋还是那个熊样！”“你还猴样呢！”……

每次刷微信朋友圈，都会看到他幸福的样子。姑娘又大了些，全家人出去玩，拿下了新项目。

端午节回家，听说他没回来，我就去他家看阿姨和叔叔。阿姨说韩的老婆不上班，全职带孩子，韩每天都工作很晚，经常一天就休息三四个小时，偶尔手环的数据显示一晚上睡了六七个小时，都会觉得很奢侈。

问他，他从来也不会抱怨很累，经常说的就是赚钱多了，可以早点退休，和家人一起出去玩。

有时候，可能男人就会比女人累，一辈子都会很累吧！为了一个目标，扛起生活的重担，努力走下去，不抱怨，也不会让人知道心里的苦。当然，这要以这个男人是个负责任的男人为前提。

韩恰好就是那种人，从他小时候在胡同里面为小伙伴们打抱不平起，便是。

情人节的晚上，看到他晒的图依旧是加班。刚飞完上海谈完了项目，回到大连已经是空无一人的办公室。节日的氛围让城市变得浪漫和温馨，他说他觉得很满足，很充实。

我不合时宜地打电话给韩：“你干吗呢？孤单一个人没人要你了吧！来，聊聊天吧！10块钱一分钟打我支付宝吧！”

“滚！忙着呢，啥事儿？”

“没事，就是问候一下，被情人节氛围抛弃的你，情人节公司看门单身狗。”

……

他没有因为忙挂断我的电话，聊了很久，都是扯东扯西，依旧是互相鄙视和互相挤对的对话。

我知道，站得越高，身边的朋友就会越少，人就会越孤独。

人活得很累，往往是因为要伪装，要让别人看到你的幸福，你的快乐，你的成功。

我也一样。

有时候，我们喜欢给老朋友打电话，喜欢用我们一直习惯的语气挤对、聊天，是因为那样会感觉很真实，很温暖。

微信朋友圈给熟悉的人点赞，不如来一条你们熟悉的评论，你说呢？

＊　＊

我只知道，私奔是旅行的一种浪漫的放逐，是追随内心的琉璃的宁静，是遇见自我的义无反顾。

十年，不如不见

小乐刚接到华的电话，说好久不见，一起聊聊聚聚啊？

这样的邀约大概有三次了，虽然都在北京，虽然距离不过是几站地的车程，小乐却一直没有和华见面过，找过几个像样不像样的理由：加班了、忽然出差了、临时有事了，说得自己都觉得好假。

为什么不见面？小乐也在想这个问题。

小乐一直都盼望着和华邂逅：地铁关门的一瞬间，发现原来你也在这里；公交车上下车的时候，可以惊讶地说句 Hi；或者走着走着，在街角的咖啡店，就那样不期而遇了。

然而，现实不是电视剧啊！来了华所在的城市这么久了，从来都没有一次偶遇。有的错过，就真的是错过，注定的。

遇到华那年，小乐初三，华高二。

与传统的暗恋故事电影一样，阳光帅气的学长，往往都是花痴小妹的暗恋对象，小乐恰好就是其中的某一个花痴小妹。

第一次见华那天，天空下着大雪，几个朋友相约去打篮球。选在那样一个天气，完全是因为那天是家长会，偷着跑出去玩，不会被发现。

几个漂亮的三分球，让小乐对华的崇拜之情油然而生，跑过去夸了几句，华对小乐说你可以和我一起打篮球啊？小乐顺水推舟地拿下了这个打篮球的师哥。

每天晚自习前的一个小时，小乐和几个好友，一起去看华跟他的队友在邻校打比赛或者打练习赛；有时候和华一起练练基础训练，怎么三步上篮，怎么卡位，怎么胯下和花式运球……大多数都是些在实战里面没有太大帮助的小技巧，而且女生比赛也比较少，说白了就是想和华多一点儿时间一起玩而已。

小乐经常去华所在班级二楼的走廊里偷偷看他，和朋友聊天，和球友交流昨天的比赛，和别的女孩开玩笑。有时候被华撞个正着，一般都会说我正要去楼下透透气，一起啊？然后东扯西扯去楼下小卖店买个冰棒，或者围着教学楼走一圈。

有时候见不到，还去问华的同桌：你同桌呢？她会相当鄙视地说，那猴子不知道去哪里了，你找他干啥？不会是……

是的，小乐暗恋华。

华是个很浪漫的人。有时候打比赛误了时间，校门关了，华和小乐会一起出去玩一会儿，去咖啡厅喝杯咖啡，或者去 K 歌。

记忆中最深的就是第一次喝咖啡，华将一个水晶之恋心形的果冻放在小乐的咖啡杯里面，溢出来的咖啡让小乐瞬间觉得幸福感爆棚，华说生日快乐小乐！

这一刻，小乐才知道，原来华居然还看过她的 QQ，记得她的生日。这种波动起伏的小情绪，适合潜藏。年轻时候的大多数爱情都是没结果的，当时身为单身的小乐，更相信校园爱情不稳定，但友谊长存。

就那样，直到华高考结束。临别时候，小乐送了华一本日记，记录了华和小乐相识后的一些时光，打比赛或者一起玩的时光，还有一盒创可贴。

华一脸惊诧地看着：创可贴?

“嗯，少受伤，一辈子都健健康康，平平安安的。”

“你好，我就放心了。”

那天到车站的 5 路汽车，似乎来得特别快，临行之前，小乐能想到的居然是《送秦中诸人引》：“行矣诸君，明年春风，待我于辋川之上矣。”和华道别的时候，华说回来打球时一定找她。听着 5 路汽车催促乘客上车的喇叭声，小乐满怀期待地等待着冲锋。

不幸的是，华高考落榜了。那段时间，华消失了。忽然之间，小乐感觉整个世界都被掏空了。小乐给华的 QQ 留了一些话，鼓励的或者故意逗笑他的，都没有任何回复。小乐不是很明白，为什么华会在她的世界里凭空消失掉。

再次见到华，是在他俩经常打篮球的球场。华在打比赛，小乐是和几个好友打她们的告别赛。远远地望着华，小乐心里有点疼。直到夕阳西下，球场边的一排矿泉水瓶都被拾荒的老大爷捡走了，好友问小乐说，普通朋友？是的，陶喆的《普通朋友》。

再也没有那么一个傍晚，夕阳那么绚烂，篮球场那么空，让小乐觉得很茫然，很慌乱。

再次有华的消息，是听到他去陌生的城市复读了，之后听说他去西安上大学。小乐也去了遥远陌生的山东，开始了她的大学生活。

大一似乎是个坎坷感情的高发时段，阿秋的男朋友找了新女友，留下她整天在单曲循环陶晶莹演唱的《太委屈》；鹤子的“恋人未满”男神，约她出去就是一句“我决定不追你了”，当她哭着回来说你要是追我我不就同意了吗，为啥僵持这么久来了这句……那天喝了很多酒，铭铭开始大声地唱歌，寝室长对谁都傻笑，秋秋在大口拼酒，小乐说我有个心结，不如趁着酒醉把它了结。

在微醺和一片混乱的环境中，小乐拨通了华的电话，存了两年也没敢打的电话。华接到电话很意外，随便扯了几句这几年的时光，过得好不好云云。

小乐问华，我很想知道，很久很久之前，你是不是喜欢过我？一点点也好？

华很认真地说：喜欢，很喜欢。

电话那边小乐控制不住地哭，电话到底是那天宿舍里喝醉的哪个姐妹给挂断的，已经记不清楚了，小乐也不知道为什么哭，因为错过了？还是因为，她的暗恋也喜欢她？这是一种幸运，还是一种遗憾？

小乐曾经以为，他们就这样没有交集了，没想着回家的时候，意外没买到直达车票，从北京换乘。听说华也在，就QQ问候了一下，说当天会在北京倒车，华说他可能没时间过去送小乐，祝小乐一路顺风。

火车上无聊地刷着手机时，收到了华的短信，说他在火车上，问小乐在哪节车厢，小乐说你猜，他便没再回信息。小乐心想，男人啊就是不靠谱，还用这种搭讪技能，你这是倒退了啊！

到长春火车站换乘后，居然收到了陌生号码的短信，华说他手机没电了，用别人的手机发的信息，他在站台等小乐。都已经说好了再见，怎么又来了迟到的信息和没了电的手机？随着列车驶出站台越行越远，让小乐有点懵。

第二天晚上收到了华的信息，说他弟弟出车祸没了，当天临时决定回家的，并不是有意骗小乐。给好友打电话的时候，小乐说这是不是扯？为啥我和他总是错过？上辈子的擦肩而过一定没擦好！好友说，这就是命，你们两个没缘分。

也许吧！

毕业找工作，原因种种，小乐居然也来到了北京。踏上这座城市，大都市的繁华让人迷茫，忙忙碌碌匆匆忙忙的工作，拥挤的地铁、公交车，高压力的工作和紧张的生活，不知道华为什么会爱上这里，留在这里生根发芽，只是这不是小乐的生活。

小乐时常会幻想着华的样子，华的声音，华和她见面说的第一句话……

有时候不见面，不是不想念。而是怕见到的样子，不是记忆中的你。

我们不寒暄，不见面，生活在彼此的记忆里，纪念今天的十年。很好。

往事·如烟

我坐在床前，望着窗外回忆满天，生命是华丽错觉，时间是贼偷走一切……有没有那么一种永远，永远不改变，拥抱过的美丽，都再也不破碎，让险峻岁月不能，在脸上撒野，让生离和死别都遥远，有谁能听见。

——五月天《如烟》

秦不是梅的那个谁，梅却一直在找秦。

秦是像梅的弟弟一样的朋友，那时候梅还很女王范儿。

秦在一个下午出现，说无聊想看小说，梅说我写了东西，你看吧。

然后，秦看了梅很多关于青春的文字，对梅说我看懂了。梅听完，有点感动。就那么一瞬间，梅觉得和秦挺亲近。

那时候的文字不饱满，梅觉得自己是在认真写东西，得到认可是很感动的事情。

初中的教室，还是自己烧炉子的那种，同学们每天按照学号轮流早到烧炉子。秦每天来得早，很热心地帮助很多人。秦学习不好，但是朋友却很多。秦和梅，还有几个好朋友，经常一起玩，一起疯，彼此很熟悉。秦和朋友们经常送梅回家，然后再骑自行车回家，那段日子至今在脑中都是很美好的记忆。

初三开始赶成绩的时候，有些东西，开始自发地暗淡了下去。

高中那年，梅还经常可以见到秦，开着出租车，顺路搭载她去学校。秦最经常说的是，我那天看到你了，你骑个自行车，看到你爸上班去了。秦会经常胃疼，因为开车吃饭时间没规律，于是梅放弃了节食减肥。秦经常放的是梁咏琪的歌曲，那时候，梅知道有一首歌曲叫《天使和海豚》，很好听。

上大学还经常联系着，偶遇发现秦长高了长壮了很多，早就不是坐在第一排座位的小兄弟。梅没有问他那时候的生活怎样，梅只是知道，他们聊天时，秦还是那个没有变化的秦。

后来 QQ 号丢了，回家发现秦的家所在那片地区拆迁了，后来梅一直在寻找秦，希望可以从别人的嘴里听到他的状况。有时候在街边看到开出租车的人，梅会想秦是不是仍在某个地方看着她，她变胖了，是否还认得出来？秦长高了吗？秦应该结婚了吧？秦应该还是开出租车吧？生意应该还不错吧，到长春是不是还是 200 块钱，不包收费站的过路费？

2011 年岁末，一个阴郁的午后，梅听说秦已经离开了人世好多年，听说秦做了很多违法的事情，死于斗殴中跑回去救另外一个朋友，骨灰撒在了他们家乡的那条江里面。

一瞬间，真的恍如隔世了。梅不知道那时候心里面到底在想些什么，满脑袋的都是五月天的《如烟》。

梅一直都是个胆子很小的人，但是她那时候多么希望秦能托梦给她，跟她说些什么。梅很希望自己可以对秦说：你个笨蛋，你怎么那么傻！梅很想当面骂秦一通。

梅想有一天，回家去江边给秦放《如烟》这首歌，问问他是不是也有那么多的遗憾，问问他在最后的时光，除了伤痛，还在想着什么，会不会后悔；问问他这么多年，是不是也寻找过自己，路过自己家老房子的时候，会不会也想去问问梅在忙着什么；问问他如果真的再给他一个机会，将故事改写，是不是不会后悔了；问问他在天堂过得好不好，问问他……有很多问题没有问出口，他就已经如烟了，消失了，留给梅一张初中时候毕业相片上的小男孩样子。

没有坟墓，没有墓碑，没有鲜花，什么也没有。来自漆黑，再回归漆黑。

为何人生最后会像一张纸屑，还不如一片花瓣曾经鲜艳。

如果真的有个机会，秦再重头活一遍，不要那么多后悔。如果真的有个机会，秦再重头活一遍，梅希望自己能走出来问问他在做什么，给他一句忠告，哪怕这句话他听或者不听，梅都要告诉他，她希望他能好好地活着。如果真的有机会，让秦再重头活一遍……

只是，逝者如斯。

清明节的时候，梅回了趟家，中午抽出时间，匆匆忙忙地下楼，开了电动车出门，一路向北，风很冷，将车速调到三档。梅想，那种高速飞驰会节省些时间，还可以让自己清醒些。

到达江边码头的时候，才发现原来仍旧是千里冰封。那一刻，梅就想着，不知道秦同学能否会“游动”，会不会看不到自己。一阵风吹过，梅随后又觉得自己的想法真是荒谬，身处另一个世界的秦应该是不受物理约束的。

一摸口袋，梅发现自己居然忘记了带手机，之前一直都很想放《如烟》的，那一刻心凉了半截，放眼望去，人烟稀少，梅就轻唱了那首歌：“有没有那么一个明天，重头活一遍，让我再次感受，曾挥霍的昨天，无论生存或生活，我都不浪费，不让故事这么的后悔，有谁能听见，我不要告别，我坐在床前，看着指尖已经如烟”。梅也不知道，自己唱歌的声音够不够大，也不知道，秦能不能听得到。

梅点燃了一封信给秦，张同学和王同学的祈祷和希冀，梅都写在了里面，希望秦一并收到。纸钱那东西，梅觉得秦会收到很多吧，远不如一个蜡烛来得温暖。

唠唠叨叨了很多话，梅的碎碎念，想要表达什么，最后连她自己都说不清楚。梅抑制住眼泪，大声说，我回来啦，在你离开了那么久之后，在寻找了你那么久之后，如果在天有灵，给我托个梦吧！

遗憾的是，第二天早上醒来，梅依旧没有梦到秦，也许秦真的没什么话想说的，或者他还是觉得梅胆小，不想吓到她。

即便没有梦见秦，梅还是在心里给秦祈愿：请来生，好好做人，好好活着！我们也会珍惜每一天的，为了那些逝去的人。

坐在返回自己工作城市的火车上，梅拿出纸和笔，写下了一段话给秦：当你的心真的在痛，眼泪快要流下来的时候，那就赶快抬头看看，这片曾经属于我们的天空；当天依旧是那么的广阔，云依旧那么的潇洒，那就不应该哭，因为我的离去，并没有带走你的世界。

这是电影《看得见风景的房间》里的台词，梅希望借此来祭奠这位友人。

此刻，窗外的风景，一闪而过。

往事，如烟。

第四章　人生即遍路，你的故事讲到了哪

于沉痛历史中拥抱浪漫

重庆，是一座旅行过的城市里最特殊的一座城市，身份特殊，景色特殊，感情特殊。它是一座最具代表性的山城，一座发生很多历史事件的名城，一座被鲜血染红过的雾都，又是一个经济发达的直辖市。

就像素有“诗人摄影师”之称的著名摄影家严明在他的首部影像随笔集《我爱这哭不出来的浪漫》中所说：这就是码头，有多少希望从这里登陆？又有多少结局从这里消逝东流？我知道那些曲折的背后，都安放着一句笔直的誓言。

景点多而美：旧人远去，故事常新

提到重庆，你可能会想到长江三峡，朝天门，白帝城，歌乐山，渣滓洞，白公馆，解放碑，吊脚楼，洪崖洞，磁器口，洋人街，丰都鬼城，四川美院，十八梯，华岩寺，张飞庙，曾家岩；你可能会想到一些人物，比如蒋介石、宋庆龄、江姐、杨虎城、小萝卜头；你可能还会想到《红岩》、棒棒、美食等等，太多名词，太多画面，映入脑海，再从眼帘跳出，令你感叹不已。

解放碑是重庆的地标之一，坐落于渝中区商业区中心部位。它不仅是一个地名，是一座高耸而立的实体碑，而且还是全国唯一一座纪念中华民族抗日战争胜利的国家纪念碑。

说到它，需要回顾一下中学时学过的历史。

抗战爆发，国民政府迁都重庆，1941 年最后一天，在都邮街广场，建起了一座木质炮楼式的碑形建筑，号称“精神堡垒”，意指坚决抗战——碑高 7 丈 7 尺，象征“七七”抗战。这座碑是当时重庆市中心地区的最高建筑，为防止日军飞机轰炸，碑体漆刷成黑色。抗战胜利后，改成“抗战胜利纪念碑”。新中国成立后，又改成“人民解放纪念碑”，题词由当时西南军政委员会主席刘伯承题写，碑体改成石材，颜色也变成石材的本色。

“一道残阳铺水中，半江瑟瑟半江红。可怜九月初三夜，露似珍珠月似弓”，半红半绿的嘉陵江把白居易的这首《暮江吟》演绎得淋漓尽致，只不过这个景观不是因为残阳所致，而是长江带着沙子的水和嘉陵江的碧波清水汇聚掺杂到一起，综合而成，却蔚为壮观，甚为别致。

长江、嘉陵江两江交汇的滨江地带就是洪崖洞，它是以巴渝传统建筑特色的“吊脚楼”风貌为主体，依山就势，沿江而建的民俗风貌区。

巴渝传统建筑的特色是层层叠叠，夜色中看过去，更加形象和美丽。

除了看风景，洪崖洞的美食街在当地也很有名气，这里遍布着重庆最具特色的代表性小吃，味道纯正，品类齐全，价格公道。

历史：用鲜血浇灌的一座城

歌乐山烈士陵园包括渣滓洞、白公馆、梅园、松林坡、红岩魂广场等景点，每年都有数不胜数的游人前来参观、献花，凭吊烈士英灵。

其实，关于历史，人们从未遗忘。关于英雄，人们铭记于心。

渣滓洞原是重庆郊外的一个小煤窑，因地形隐蔽，被国民党军统特务霸占，改成监狱。

目前的景点是在原址上重建，三面靠山，分内外两院。内院有一放风坝，男女牢房共 18 间，外院是特务办公室和刑讯室。

渣滓洞周边分布着大大小小的石砌的圆形哨楼，用于防止犯人逃跑。里面最阴森恐怖、最令人胆战心惊的是刑讯室，陈列着电椅、老虎凳、狼牙棒等刑具。

这里边也有一段触目惊心的历史——离重庆解放还有三天的 1949 年 11 月 27 日，半夜一点，军统特务以移交为名，把男犯集中在 1-7 号牢房，女犯集中在楼下 8 号牢房后，锁上牢门，用机枪、卡宾枪疯狂向室内扫射。这次大屠杀中，180 人遇难，其中还有两名为敌人提供情报的叛徒，只有刘德彬和《红岩》作者罗广斌等 15 人逃生。

白公馆与渣滓洞相邻，原是四川军阀白驹的“香山别墅”，

1939 年军统局将其改建为看守所，用以关押政治犯。

1943 年中美特种技术合作所成立，白公馆作为中美合作所第三招待所，关押人员被移往附近的渣滓洞。抗战胜利后，白公馆被作为特别看守所。1947 年春，渣滓洞“人犯”又迁回白公馆关押。

这里的政治犯身份复杂，而且级别很高。大家比较熟悉的人物有：抗日爱国将领黄显声、同济大学校长周均时、共产党员宋绮云、徐林侠夫妇及幼子“小萝卜头”。

1949 年 11 月 27 日下午，关在白公馆的犯人被一批批押往附近的松林坡等地秘密杀害。其中，抗日爱国将领杨虎城及子女，就被杀害于戴笠的会客室。

人文情怀暖心，特色美食暖胃

重庆是个很有血性的城市，在原本没有路的地方，人们开天辟地般筑起了跨江索道、山地电梯、爬山扶梯等属于自己的路，使其成为中国唯一具有水、陆、空三栖旅游形态的城市，很好地诠释了鲁迅先生的名言——“世上本没有路，走的人多了便成了路。”

过江索道是重庆最著名的特色交通方式，已融入重庆人的日常生活。重庆原有嘉陵江索道和长江索道两条，后来又修建了歌乐山索道和缙云山索道。

坐过江索道可以从不同角度和方位，俯瞰重庆“江山一体”的美景，这是一种别样的观光和生活体验。

坐在索道中，你会感知到“两岸青山相对出，孤帆一片日中来”的诗情画意。

一根竹筒、一条绳子，这是人们印象中重庆“棒棒”始终不变的模样。

山城“棒棒”的兴起是在20世纪80年代，以搬运服务为主，可以理解成是码头工人、人力车夫、轿夫、脚力、挑水夫的同种或延续。

不过，岁月流逝，时代变迁，这个群体据说现在正面临着人员萎缩、老龄化严重、后继无人的局面。再过些日子，“棒棒”估计将不复存在。

他们仿佛路边不知名的野花一样，即使没人关注，也兀自盛开，不卑不亢。

磁器口古镇东临嘉陵江，南接沙坪坝，西临童家桥，北靠石井坡。有12条街巷，街道两旁多是明清风格的建筑，地面由石板铺成，沿街都是各种很有格调和文艺情怀的店铺，如：猫掌柜、懒鱼时光馆、简单生活咖啡杂货铺、幽灵鬼堡、等一个人。

这里庙宇多，名人足迹多，茶馆多，是一个充满小资情怀适合拍照的地方，更适合吃货们来游玩，因为磁器口古镇既是新巴渝十二景之一，还是一条中华美食街。这里有毛血旺、软烩千张、椒盐花生等特色小吃“三宝”。此外，陈麻花的味道也是一绝。

也许我天生就有猫缘，不管到哪个城市，在哪个景点或街巷游玩，总能遇见一只喵星人，而且都不怕我，愿意给我当嫩猫模。

这里是重庆，既是“山城”，又是“雾都”，还是“江城”，更是“不夜城”。它依山筑城，临江而立，两江环绕。

在重庆的这一程，看到一些事，遇到一些人，简单而随心所欲地去感知这个生活在别处的城市，酸甜苦辣，都是一种生活的味道。

也许，在未来生命的某个驿站，或是一个暮霭沉沉的清晨，或是一个夕阳西下的傍晚，我们能怀揣着这些不曾幻灭的梦，怀一颗永不后悔的心，写一首后青春期的诗，然后烧给死去的、始终缅怀的昨天。

与你相遇，从此再也不舍离去

飞机降落成都的当天，就接受了一场大雨的洗礼。即便打着伞，依旧与落汤鸡无异。

这场雨，让久居北方的我，闻到了一股久违的南方雨水的味道。

为便于走访“宽窄巷子”，酒店选在了它的对面，简单收拾一番，待雨停了之后，即刻出门。

宽窄巷子：品茶闲聊把酒言欢

“宽窄巷子”是老成都往昔的缩影，由宽巷子、窄巷子和井巷子三条平行排列的老式街道及其之间的四合院落群组成。

它是老成都城市格局和百年原真建筑格局的最后遗存，也是北方胡同文化和建筑风格在南方的最佳呈现。

在宽窄巷子的入口，墙上镶嵌着“宽窄巷子最成都”的口号。

据资料记载，井巷子清朝时名为“如意胡同”，后因巷北有明德坊，又称“明德胡同”。辛亥革命后改为井巷子，并沿用至今，这里酒吧居多。

窄巷子在清朝时名为“太平胡同”，后更名，现在以西餐、咖啡馆、会所、主题文化商业等为主。

宽巷子在清朝宣统年间名为“兴仁胡同”，民国时改名为“宽巷子”。如今宽巷子内布满了川菜食肆、摊档、茶馆，还有各种小吃。

漫步其中，你可以感受到老成都的风情世味和民间的市井文化。要是边走边听光头李进的歌——“走进宽宽的窄巷子，你唱着老四川的歌谣……”那就更有代入感了。

宽巷子里最具地方特色的当属“掏耳朵”，掏耳师父穿着白褂子，头戴一个类似矿灯的照明工具，手捏掏耳勺，一会儿弓步，一会儿马步，而顾客坐于竹椅上，任凭师父伺候自己小小的耳朵。

这里聚集了各式各样、各种口味的美食，几乎可以满足当地人和所有游客的口味。蛋烘糕、三大炮、烤肥肠、钵钵鸡、伤心凉粉等，吃了之后回味无穷。

除了美女和美食，宽窄巷子里还有很多的家猫和流浪猫。随便路遇一只，都是那么慢条斯理地慵懒着，享受着。

喜欢读书的游客，可以去“见山书院”小憩一番。“见山书院”是由明朝大学士桂萼在江西创办，宽窄巷子也有一座，并附带着藏古纳今的“见山书局”，似乎还有一份理学穷尽的古时性情留存。

武侯祠 & 锦里：观三国古迹文化，色香味俱全

武侯祠是中国唯一的君臣合祀祠庙，由刘备、诸葛亮、蜀汉君臣合祀祠宇及惠陵组成。里边有很多的三国古迹。以文、书、刻号称“三

绝”的《蜀丞相诸葛武侯祠堂碑》最为知名。

整个武侯祠坐北朝南，主体建筑大门、二门、汉昭烈庙、过厅、武侯祠五重建筑，严格排列在从南到北的一条中轴线上。

锦里曾是西蜀历史上最古老、最具商业气息的街道之一，早在秦汉、三国时期便闻名全国。它位于武侯祠旁，如果先去武侯祠，逛到最后的北门，走出去就是锦里。

锦里可以说是成都最热闹最繁华最文艺的街区，吃的、喝的、玩的、买的、看的，应有尽有。它由一大片清末建筑风格的仿古建筑组成，酒吧娱乐区、餐饮名小吃区、府第客栈区、特色旅游工艺品展销区错落有致，被称为“西蜀第一街”。

第一次来成都的人，都会选择来这里。或走走青石板路，或找个茶馆喝杯盖碗茶，或找个小店品尝特色小吃，或坐在湖边的凉亭歇脚拍照。

这也许就是世人最常说的体验成都人的慢生活，体验他们优雅而美好的市井生活。

锦里街道两边的店铺里卖的大多是颇具当地特色的物品，手工皮包、写着方言的T恤、五颜六色的布灯笼，将街道点缀得更加美丽。此外，这里还有很多手艺人，吹糖画、捏面人、剪纸、皮影，简直就是在品尝一场传统文化和手工艺术的大餐。

身处闹市却不为其扰，乃隐士也。在游人如织的巷子里，有一位看着就很有仙风道骨的中年大叔，手持毛笔，静静地写诗作画。喧嚣的尘世在他眼里，如同成都的雨，你下你的，无法淋湿我的心。

慢生活：我们都需要有慢下来的勇气

与宽窄巷子和锦里相比，春熙路更加热闹繁华一些，商业气息更浓厚一些。春熙路曾被《新周刊》评为仅次于香港铜锣湾和上海南京路的西南第一商业街。当然了，这里是打望成都美女的最佳之地。

很早之前，网上就盛传“天下美女在成都，成都美女在春熙路”的说法。站在太平洋门口的天桥上放眼望去，都是穿着时髦、妆容精致的美女缓缓而过。

“茶馆、麻将、火锅”是成都人生活必不可少的三大样。行走其中，不自觉地就走进茶馆，点一杯茶，坐一下午，或发呆，或与三五知己侃大山、谈人生，怡然自得。

成都的绿植很多，除了景色优美，适合游玩和拍照，雨后的空气更是舒服，清早常有老人组团在练太极。

如花美眷，似水流年。游走于雨后成都的大街小巷，看到一树绿色的枫叶，一把无人弹奏的古筝。是谁？放慢了生活的步伐，掩埋起缱绻的思念。

总有人感慨：年纪越大，人越孤独。越陷入没完没了的社交生活，越容易迷失或沉溺。成都的“慢”字，其实早已写进城市的基因中。慢行、慢言、慢吃、慢喝、慢生活、慢人生、慢慢感受，或许我们都需要一点慢下来的勇气，才能真正领悟到成都的独特情怀。

西塘如果存在爱情，只可能是黑白

2012 年，世人都在传说的世界末日，我离开了我生活并为之奋斗了四年的城市，来到这个宁静如水的江南小镇，人们叫它西塘。

这里没有霓虹闪烁，这里没有灯红酒绿，这里没有繁华背后的苍凉和落寞。这里只有简单真实活着的旅人，他们这一群人都曾以为自己构筑的世界有多么精彩美妙，绚丽斑斓，直到有一天发现并不完全那样。

他们来到了这里，开始了心灵的旅程，如同我一样。

来到西塘后，我租住在一家叫作“风月客栈”的旅店，房间在一楼，临河，日租 200 元。我跟老板说我长住，至少住一个月，能不能 150 元一日，老板闭上眼睛，嘴里振振有词，睁开眼的一瞬间，他同时在我面前做出一个 V 的手势，我窃喜，以为他同意了。在我还没收起笑容的时候，老板笑了，告诉我，给你优惠 20 元，180 元一日。至此，我终于明白，原来 V 是 2 呀！

房间很干净，进门的左手边就是独立的卫生间，24 小时供应热水，当然了，前提是只要你别关了热水器的电源开关即可。我扫视了一下，房间里的家具很简单，一张床，一个沙发，一个电脑桌和一台台式电脑，一个挂衣服的铁架子，然后就是蚊帐了。

简单扫视完后，我继续深入地细致观察。屋里没有电视，但可以上网，而且网速比我曾经在的城市快多了。靠近电脑桌的是一扇窗户，木头的，漆成了黑色。床是古时的那种花雕木床，蚊帐却是现在常用的。古朴与时尚相辅相成，别有一番情调和韵味。

这里就是我的“家”了，我会在这里住上一个月，或许时间会更长，一个季度或半年或一年，也可能在这里了度余生。

我最喜欢的是屋里的那扇木头小门，因为门后有一条宁静的小河。我可以坐在这里，摸着河水，看着河对岸的人们在那里喝茶聊天。偶尔还会有游船和划竹排的老人经过，还有一些外国游客，我微笑着跟他们说“hello”，他们很热情地回应我“你好”。

我每天都会拿着相机，从河岸的这边拍到河岸的另一边——有安详的老人，有嬉戏的小孩，有在河边洗衣服的少妇，有穿着时髦的妙龄女郎，有卖力叫卖的小贩，有宽度不同的街道和胡同，有各种不同名称的客栈或旅店，有夜色迷离的酒吧，有慵懒的小狗，有晒太阳的小猫……它们唯一的相同点就是黑白，因为我只拍黑白照片。

那可能是每一个初入社会的人最原始最简单的颜色，后来，我们给自己上了越来越多的保护色。虽然我们的人和我们的心都曾五彩斑斓，但是，我们远没有彩虹漂亮和纯洁。

那一天，忘了是哪一天，只记得那天雾气迷蒙，我站在桥上，有种不自然的迷离感。我的长焦镜头在阴霾的天空下搜寻，搜寻我们所谓的人生。然后发现了一个女孩，一个在长廊的亭子下画画的女孩，她的画布上只有黑白，但她画的却不是素描。

黑白，黑白，黑白……

我收起了相机，穿过重重迷雾，朝着那个凉亭走过去。

我站在她的身后，看着她画布上的黑白世界，她画的好像是一所房子，有很多的窗户，却没有门，也没有屋顶。我以为她没有画完，却见她在画布上写了一个“囚”字，然后是很秀气的签名和日期。这样看来，她的画已经完成。

我尴尬地笑了笑，问她，“你的画画完了？”她说“是的”。我继续尴尬地笑着，再问道，“你画的是房子吧，为什么没有门和屋顶呢？为什么写个‘囚’字，而不写家呢？”

“我画的是房子，它是家，却也是牢笼。很多人穷其一生，就为了拥有一个属于自己的家。其实，他们追求的不是那所房子，而是家的温暖和温馨。然而，有的人被这所房子深深套牢，他们深陷其中，没有了梦想，没有了自我。当他们真的拥有了这所房子之后，他们却发现自己的心早已被囚禁其中。即使房子没有屋顶，但他们依旧无法逃脱，也不愿逃脱，不愿抬起头看看天上的繁星和那轮柔美的明月。虽然那轮明月通过窗户把月光投射到他们的身上，他们也全然不觉。”

“他们只不过是在给自己寻找一个活着的理由，或者也可以说是证明自己存在的价值的支撑点。”

“也许吧！你是第一次来西塘吧，你是摄影师吗？”

“为何这样说呢？”

“因为我看到你天天在河的两岸拿着相机不停地拍照，普通游人的话不会如此执着的。”

“猜对了一半。我是第一次来西塘，可我不是来采风的，我也不是摄影师，我只是喜欢摄影罢了。对了，你是画家吗？”

“就我这水平，当然不是了，我也只是个过客，只是喜欢画画而已。”

“为何你的画都是黑白的呢？”

“因为这本来就是世界的颜色啊！”

在这个供游人歇息的亭子里，我跟一个素昧平生的画者，从画画聊到摄影，从摄影聊到文学，从文学聊到理想，从理想聊到人生。我给她看我拍的照片，给她讲我的旅途我的故事。而她，给我看了她所有的画，给我讲作画的灵感、初衷和寓意。但她没有讲她的故事，而我也没有问，因为我是一个不愿苛求别人的人。

之后的时间里，我继续沿着河的两岸搜寻黑白世界里的芸芸众生相，而她则继续在她的画布里描绘尘世的悲欢离合。累了的时候，我们会坐在一起，就像老朋友一样，轻松地聊天，不再探讨沉重的人生话题。偶尔也会交流摄影和画画技巧，然后互相教学。更多的时候，我们只是沿着自己的人生轨迹，走着只属于自己的路。就像两条相交线，交集过后，是远远地彼此遥望。

在我的西塘时光即将满月的时候，客栈老板给我拿来了一封信，我感觉很奇怪，没人知道我这里的地址的，怎么可能有信呢。况且我这里能用手机能上网的，有人找我可以用更快捷的方式。老板看我拿着信愣愣地站在那里，然后拍了我一下，说昨天有个女孩托他把一封信交给我，还特意强调要到今天才能给我。

我拿着信走向自己的房间，中途想起来应该感谢一下别人的，于是回过头对老板说谢谢，却发现老板早已没了踪影。

我打开信，一张折叠得很整齐的画纸跃然眼前，看到画纸我已经猜出是谁给我留下的信了。我把画纸小心翼翼地在桌子上铺开，看到五彩斑斓的画面，我开始怀疑自己的判断。她只画黑白的，难道不是她留给我的?

看完画纸上的那一句话之后，我知道是她画的，而且是送给我的。最重要的一点是，我知道，明天我再也不可能在凉亭里看到一个画画的女孩了。

第二天，也是我在西塘待了一个月的日子。我收拾好行李，其实就是一个背包，每一个背包客都有的那种背包。我走到柜台前，递给老板 20 块钱，告诉他我不住了，我要走了。老板很爽快地把我的押金退给了我，连同那 20 块钱。我很诧异，心想世上还是好人多啊，这地方民风真好!

老板又露出他那我早已习惯了的笑容，然后对我说，其实那更像是自言自语——小姑娘真厉害，我输得心服口服。我忙问他什么意思?他说，小姑娘昨天托我给你信的时候，跟我打了个赌，说你看到那幅画之后，你肯定会马上离开西塘，回到你原来的城市。我当时也看了那幅画，我不相信一幅画可以瞬间改变一个人的意志和选择，所以我跟她赌了一把，筹码就是你的押金和那 20 块钱。

一个月之后，我又回到了这个城市。北京的夜色依旧很美。回到家之后，我把那幅画挂在了床头，画上是黑白的我，手握单反，半蹲着在桥上，我的镜头前是西塘的河水、古式的房子、一叶竹排和岸边的长廊，不过这些景色是彩色的。

画中还有她写给我的话——你的心是彩色的，你的世界就是彩色的。

正因为这句话，我决定回到这个城市，继续我未完的旅程，因为我的梦一直是彩色的。

在西塘闲聊时，我们始终没有告诉对方我们的姓名和联系方式，因为我们觉得这样很好，简单、真实、自然。离开西塘之后，我们终于由相交线变成了平行线，再也没有任何的交集。但是，我感谢旅途中遇到这样的一个擦肩而过的不能称之为朋友的朋友。

我叫晓寒，我没有告诉她，我其实是一个画家，因此我能读懂她的画。

她叫雨梦，她没有告诉我，她其实是一个摄影师，因此她能从我的相片中看出我的世界里缺少什么。

* *

听一首五月天的《后青春期的诗》，转身，离去。

「韋宇教」途逕詩&遠方

2014-12-20

他乡萧瑟，此城花开不败四季如春

昆明之行可谓是一次大雅大俗之旅，因为整个行程很有趣味，很有意思，很值得回味。淡雅而满含禅思的茶楼，充满了市井生活的地摊烧烤，繁华喧嚣的步行街商业中心，翠湖公园的红嘴鸥，官渡古镇附近古老的民宅，高原明珠滇池的浪花，一个都不少，也不能少。

冬季到翠湖公园来看红嘴鸥

一早醒来，带着单反和雨伞出门，直奔翠湖公园。之前看了些网上的游记，说该区域内有密集的红嘴鸥，其实那小鸟的嘴还有块黑的呢，脚丫倒是全红色。

带着雨伞出门是因为媒体朋友说鸟会拉屎，一定要带上雨伞才安全。看到翠湖大牌坊进去就是免费的翠湖公园，这里到处都是鸟，湖边空气中飘浮着浓厚的羽毛气息，让我想到了洗羽绒服时的味道。

本来想打雨伞来着，后来看到游人们个个兴致盎然的，喂鸟喂得很开心，而且没人打伞，自己也就作罢，不再打伞。但是，我还是忍不住时不时地摸摸头顶，生怕翔从天降，禽类这点可不好说。

环境很不错，到处都是拍照的人。有跳广场舞玩太极扇的，还有玩什么球的老头老太太们，以及喂鸟的人们，贪吃的红嘴鸥会到手里面抢吃的。

此外，还有各种漂亮的花，还看到了不怕人的小松鼠，相当肥硕。令我好奇的是，一直也没有看到松树，它吃啥长那么胖呢?

到昆明，才知道原来这里是聂耳的故乡。另外，翠湖公园附近还是伟大的诗人闻一多被害的地方，历史气息瞬间浓厚起来。

官渡古镇齐集五朝历史人文

在赶往官渡古镇的公交站途中，看到了云南陆军讲武学校，进去逛了一圈，历史的沧桑犹在。小院子不大，被二层小楼环绕（中国传统的走马转角楼式的土、木、石建筑），中间是个大广场（当时的阅兵操场）。

这个地方还是大有来头的，它是中国近代史上一所著名的军事院校，原系清朝为编练新式陆军，加强边防而设的一所军事学校。建立时与天津讲武堂和奉天讲武堂并称三大讲武堂,后与黄埔军校、保定陆军军官学校齐名。

朱德总司令曾经是云南陆军讲武堂的学员，成为共和国元帅后，他称云南陆军讲武堂是“革命熔炉”。言犹在耳，只是物非人非。

乘坐 2 路公交车到火车站，换乘 154 路到官渡古镇，那地方

154 路站名叫世纪大澡堂，不过下了车，还真没见到大澡堂，穿过了很长一段南方农村感觉的街道：两边都是摆着地摊的小贩，有不少小吃，人们的穿着也充满了乡土和地域气息，当时的感觉是难道这就是传说中的古镇？

差点直接折返，挣扎着又走了一段后看到一扇大红铁门，穿过大铁门，古镇才出现在眼前。和很多的古镇一样，都是那种古老的房子。

和很多古镇不一样的是，底商还好，都是正常的小吃店、卖衣服的、诊所、两元店什么的，你会觉得这里商业气息远没有生活气息浓厚，很舒服。

吃了一份七彩洋芋，就是芋头切块油炸后撒上一些调料，味道很好，只要 3 块钱，非常实惠。

佛塔是典型云南白塔的感觉，不过这边的香火貌似都不是很旺盛，包括少林寺、土地庙什么的很多地方，香火不太多，可能是官渡古镇这地方比较隐蔽不容易发现吧！

穿过古镇，最外层是一条街道，两边摊位经营着特色商品、玉制品、银制品，都很吸引人，价格也便宜，对我这种不识货的人来说，看看就好。买了几个漂亮的手袋，价格不贵，猫形的哦！

很多彩色珠子编织的物件，让我想到了丽江是不是也是这样。时间太紧促了，要不还能去趟丽江，这个时候应该是淡季吧，买东西的人兴致不高，一般你不问价格，卖家都不会主动联系你的，不过这样挺好的，可以随便看看。

高原明珠何日再现魅力光彩

从官渡古镇出来坐错了车，本来想坐C185，后来坐了185，然后发现原来是两个车，一路坐到了市区，在泰国外贸云集的商业中心走了走。有时候，看东西也很有乐趣，云南离泰国不远，随处可见泰国的印记，第一天吃的地摊烧烤都是泰国饮料。

在外贸中心豆腐营站等到了24直达海埂公园，这时候已经暴走了6个小时，考虑着是不是要去看看滇池，想着它在画册中那美丽的样子（号称高原明珠），就一咬牙，走之。

但到了地方还是挺失望的——一滩绿水，臭水坑的感觉。浪花拍打着岸边，本来应该是很漂亮的样子，确实绿苔，绿水。同样是很多的红嘴鸥，漂亮不怕人的鸟，我就对着淡淡的雾霾远远观山，静静地坐着，看着这滩很大很大的像海一样的臭水塘。这边还是蛮浪漫的地方吧，都是一对对情侣，逗鸟、拍照、秀恩爱。

从沃尔玛超市买了380块的零食，第一次买那么多的小东西，猫哆哩的水果派、plum陈皮话梅糖、鲜花饼都很好吃。还有很多的新鲜水果，很大很甜的青色大芒果，人参果，枇杷都是不错的。比较有意思的是，水果摊和超市都是按照一公斤报价的，听着略贵，其实很便宜。

昆明还是不错的，就是天气变化太快，阴天很冷，出了太阳就是暴晒，晚上睡觉要开着空调，第二天早上会觉得很干而且鼻子不舒服，不知道是不是我体质太敏感。总之，和想象中的春城不太一样。

即便如此，这段旅行，依旧值得往后在某个北方的雨夜，在开着空调的屋子里，静静回望，并且想念。

醉在江南烟雨，不知归

提及周庄，下意识里首先想到的就是沈万三，然后是著名画家吴冠中对它的赞誉——“黄山集中国山川之美，周庄集中国水乡之美！”其实，还有个有趣的说法——上有天堂，下有苏杭，中间有一个周庄。

周庄原名贞丰里，始建于北宋元祐元年（公元 1086 年），是江苏省昆山市的一个古镇。它四面环水，俯瞰之下，就像水上飘着一朵美丽的睡莲。经历了 900 多年的沧海桑田（但一些资料又记录了周庄有六千年的历史），却依旧完整保存了原有水乡古镇的风貌和格局。

景观：碧水环绕的江南水乡之首

据史料统计，全镇 60% 以上的民居仍为明清时的建筑。另外，值得一说的是，周庄目前还保存了十四座风格各异的元、明、清时的古桥，全镇以河成街，桥与街相依相连，因水成市，依河筑屋，90% 的居民临水而居，典型的江南之风。

周庄有“十景”：双桥、沈厅、张厅、富安桥、全福寺、迷楼、博物馆、周庄舫、澄虚道院、财神居。

置身于周庄，穿行在悠远、静谧、古朴的街巷里，你会发现，深宅大院、河埠廊坊、过街骑楼、穿竹石栏、临河水阁，古色古香，水镇一体，同游客展示着一派古朴、明洁的幽静，“小桥、流水、人家”的词句不禁呼之欲出。

据新闻记载，2001 年 6 月 8 日，江泽民第二次来到昆山。站在周庄镇古牌楼前，他对中国第一水乡周庄的秀美景色赞叹不已。随后就有了他的题字。

花岗石柱的周庄古牌楼两侧，青瓦粉墙的商店一座挨着一座，飞檐翘角的全福寺塔高耸在西端，蔚为壮观。

踏上石板铺就的后巷街，中间是波光粼粼的小河，河面上小船轻摇，绿影婆娑，一派“吴树依依吴水流，吴中舟楫好夷游”的迷人景象。河两侧是古朴典雅的江南民居，保存完好的过街骑楼、临河水阁、水墙门、河埠廊坊尽收眼底。

位于周庄富安桥南侧南市街上的沈厅是最具代表性的江南民居，是典型的“前厅后堂”建筑格局。

沈厅是江南豪富沈万三的后裔沈本仁住所，建于 1742 年。它坐东朝西，七进五楼门，大小 100 多间房屋。整座建筑由水墙门、河埠、墙门楼、正厅、大小堂楼、厅屋几部分组成。

沈厅的备弄两边上有一些铜版画主要是介绍沈万三的生平事

迹：定居周庄，躬耕起家，陆氏赠财，出海通番，神盆聚宝，女乐宴饮，设馆尊师，观前修街，南京筑城，云南充军，舍生告状，茶马古道，归葬故里。

沈厅在“文革”中遭受严重破坏，不过自1983年以后，国家开始修复沈厅。先后修复了松茂堂、茶厅和大堂楼，开通了走马楼，后厅屋也已与银子浜沟通。经过修缮的沈厅，恢复了清代建筑的风貌，成为“周庄十景”之一。

从老牌坊进入周庄，抵达河边往右手便是周庄博物馆。博物馆原为清末民国初期一朱姓人家住宅，新中国成立后为镇政府办公之处，20世纪90年代中期修缮，整理后作为景点开放。

馆内主要展示了周庄当地独具特色的民风民俗和民间的生活用具、农具等，以及当地出土的一些中国有名的黑皮陶器。此外，还有一些专门展品，如棋展、摄影展等。

除了明清建筑、桥、名人故居、吴歌等风物之胜地外，周庄还有知名的一佛一道：全福讲寺和澄虚道院。

南湖园全福寺是一座典型的园林寺庙，分三个部分，东西两个花园，为纪念唐朝著名诗人刘禹锡、陆龟蒙和西晋文学家张季鹰而建，中间即是全福讲寺。

据史料记载，全福寺始建于宋代，距今已有900多年的历史，原是宋元年间的周迪功郎舍宅为寺，后经历代不断扩建，香火旺盛，成为江南一带的名寺。不过“文革”期间，寺庙被毁，改为粮仓，可以说是周庄的一大不幸。

澄虚道院始建于宋代元祐年间，原名“圣堂”，是吴江澄虚人士来此捐建。它是周庄一带有名的道观，是名副其实的道教圣地。但由于年久失修，道院已有所破坏，1994 年周庄政府出资重修，又重现了当年的样貌。

人文：文化荟萃，诗情画意

周庄古桥多，桥桥相连，透过一个桥拱，可以看到另一座桥的桥拱。据说外国人是从著名旅美画家陈逸飞先生以双桥为背景创作的油画《故乡的回忆》等水乡系列油画认识周庄的。

后来，这幅画连同他的 37 幅作品一起在哈默画廊展出，引起轰动。许多西方人在看完画作后惊叹“这儿简直是东方威尼斯”，于是世界各地的旅人便纷至沓来，周庄也开始游人如织，人满为患。

油画《故乡的回忆》后来被美国著名企业家阿曼德·哈默花巨款收藏，访华时把它作为礼物送给了邓小平先生，周庄更是名声大噪。

周庄的吴歌乃其一大文化特色，也是这里的一种风俗，许多农妇船娘都会唱吴歌。吴歌以其清新的风格、婉转的曲调和吴侬软语的特色，自成一派，有着很多的“乐迷”。

吴歌一般都是四句头、八句头山歌。后来陆续出现长短句、叠句、衬词，句式复杂多变，而且善于运用谐音、双关的技巧。

说完吴歌，聊昆曲。昆曲的故乡便是昆山。

2001 年 5 月 18 日，昆曲被正式列入世界非物质文化遗产名录。周庄随即斥巨资建古戏台，并和苏州昆剧院达成协议，每周六天上演昆曲，每天上午两场，下午三场。

周庄古戏台以走马楼式的观演楼、戏台和戏曲展览馆为主题的古建筑群，是一处融观赏、参与、研习等体验活动于一体的昆曲会所。

也是在周庄古戏台，成名的昆曲名家俞玖林、沈丰英、周雪峰等人，曾在这里表演、锻炼、一展歌喉。

昆曲名段有：《长生殿》《牡丹亭》《琵琶记》《千忠戮》《太白醉写》《贩马记》《白兔记》《窦娥冤》《孽海记》《双珠记》《寻亲记》《公孙子都》等。

周庄独特而古朴的江南水乡之美，吸引着众多的名人前来游览，台湾女作家三毛便是其中之一。1989 年的春天，三毛冒雨前来寻访周庄，在饱览水镇秀色后，拍手称道："这就是我朝思暮想的江南水乡！这就是我心中的故乡啊！"

来到周庄，"迷楼"不得不去。它位于贞丰桥畔，是一座两层的木制小楼。光绪末年，镇江人李德夫迁到周庄，便在这座小楼上开起了一家酒店。李德夫中年得女，到了 20 世纪 20 年代，女儿阿金出落得光彩照人。老夫妻让她当垆劝酒，生意越发红火。这酒店原名德记，由于阿金的出现，便被人称作迷楼，取的是"酒不醉人人自醉，风景宜人亦迷人"的意思。

1920 年，南社的创始人、大诗人柳亚子，"南社"成员陈去病、叶楚伧等人，经常登临"迷楼"，吟诗聚会，纵情谈笑，开怀痛饮，即席挥毫，写下了不少脍炙人口的诗篇。1921 年，这部名为《迷楼集》

的唱和集,由中华书局刻印出版,成为轰动当时中国诗坛的一大雅事,从此“迷楼”名扬天下。

讲到叶楚伧,就不得不提到“南社百年书院”。书院坐落于周庄西湾街著名的南社诗人叶楚伧故居里,少年时期的叶楚伧曾在这里饱读诗书。

除了给游客提供当代书籍外,书院主要以线装古书为主打特色。诗人欧阳江河、作家格非、导演贾樟柯都曾光临此处,可见其传播力和影响力。

生活古朴典雅的水乡情韵

周庄人喜欢喝茶，有喝“早茶”“阿婆茶”“炖茶”“讲茶”等习俗。喝“阿婆茶”是周庄与别处截然不同的喝茶习俗，也是妇女联络感情、消磨时光的传统社交形式。

一位阿婆告诉我，“阿婆茶”需要每家轮流做东，邀请邻里关系好的几个老姐妹一起过来。喝茶时，主人先在桌上放几碟酱瓜、酥豆什么的，作为佐茶菜。所以周庄人喝茶不叫“喝茶”而称之为“吃茶”！“阿婆们”经常聚在一起，一边吃茶，一边做针线活，一边聊家常，让时光跟着慢慢变老。

周庄菜式得天独厚，小吃和特产更是一绝。其中最著名的当属以江南巨富沈万三的名字命名的“万三蹄”与“万三糕”，这两种美食背后都有一段故事。

明初，朱元璋当了皇帝，全国都避讳说猪。一次朱元璋到沈万三家做客，沈万三以猪蹄膀招待朱元璋，朱元璋看到后故意为难沈万三，问他这个怎么吃?

因为是整个蹄膀，没有切开，如果沈万三用刀，那朱元璋就可以名正言顺地治他的罪了（意为杀猪）。而沈万三灵机一动，从蹄膀中抽出一根细的骨头，以骨切肉解了朱元璋的难题，也有了万三蹄膀的传统吃法。

朱元璋觉得很好吃，就问沈万三这道菜叫什么，沈万三一想总不能说是叫猪蹄膀呀，于是一拍自己的大腿说，这是万三的蹄啊，于是“万三蹄”由此得名。

万三蹄用料考究，以精选的肥瘦适中的猪后腿为原料，加入调好的配料，加水放入大号砂锅，经过一天一夜的煨煮或蒸焖，火候要历经数旺数文，以文火为主，煮熟的整只万三蹄热气腾腾，皮色酱红，外形饱满，香气四溢。

记得小学的时候学过郑振铎的《鸬鹚》一文，里边写道：“渔人站起来，拿竹篙向船舷一抹，鸬鹚就都扑着翅膀钻进水里去了。”

鸬鹚其实就是鱼鹰，善于潜水捕鱼，很早就被南方渔民驯养。

鸬鹚捕鱼时会先在水面上游一会儿，然后一头扎进水里，咬住一条鱼。回到船上后，渔民就收紧系在它脖子上的绳子，它只好把大鱼吐出来，渔民则奖条小鱼给它吃。

如果没有活儿，白天的大部分时间，鸬鹚就站在船头，像景区原住民般似看非看地盯着过往游客。它们一般不出声，也不爱动，只是热的时候会打开翅膀扇一扇。

周庄之美，美在它青石铺就的石板路，美在它的小桥流水，美在它的黑瓦白墙，美在它的舟船、绿柳、红灯笼，美在它孕育出的质朴的民俗风情，美在它独有的水乡文化底蕴，美在它富有的江南古镇的精神内涵。当然了，还美在它的美食和小吃。

薄雾中隐藏谁的欲望与孤独

“你喜欢在大城市闯荡，你愿意在家乡享受安逸，无所谓好坏，无所谓对错。不齿的是心里有想要的生活，却行走在背道而驰的路上，又不敢突破当下，害怕失去当下的拥有，害怕没有好的结局，缺少改变的勇气。想要的生活要靠自己去努力争取，光说光想却不做，注定只能停留在原地。”——引用这段我比较欣赏的话，作为此次苏州之行的开篇之语。

或许有人会问，为什么你那么喜欢在路上？因为在路上能欣赏到别样的风景，看见不一样的人，遇见不一般的事。因为旅途中最美妙的回忆是故事，而最美妙的故事在路上。

人来人往，只是平常

从苏州北火车站出来，刚踏入这个城市的街道，就看到有一只喵星人在慵懒地晒着太阳，甚是惬意。虽是冬季的一月，看到此景，旅途和内心瞬间变得温暖起来。

俗话说：江南园林甲天下，拙政园林甲江南。作为世界文化遗产，也是古典四大园林之首的拙政园，是此行的第一站。走进古色古香的园门，眼前遍布亭台楼阁，小桥流水，参天古木。一看到光影中的长廊就兴奋不已，瞬间用单反定格住此刻即永恒的美。

继续往前走，只见一座巨大的太湖石立在眼前。与背后的凉亭相得益彰，池广树茂，景色自然，江南水乡的特色跃然眼前。

深院锁清秋，这背后是否会有一个不为人知和不能向外人道的故事呢？

两岸人家接画檐，江南的细致、温婉全在房檐之中。小、精、美，晕染着江南的诗情画意。

醉梦江南烟雨中

薄雾中，踩着江南的石板路，看红尘漫客尔来我往。乌瓦灰墙，青石小巷，青墨晕染，与梦无异。听寒山钟声，时光缱绻，我行过彼此的因果。

“风雨送春归，飞雪迎春到。已是悬崖百丈冰，犹有花枝俏。”春风还未吹绿江南，拙政园里的一树树腊梅却早已悄然绽放，悠然飘香，预示着冬日将尽、春天不远。

斑驳的墙、翠绿的竹子、明媚的阳光、稀疏的游人，所有景点都能如此惬意，该有多好。

时间碾过岁月之痕，你我皆过客，不舍菩提，不解缠缚。光阴远赴，荼靡之后，愿所行之路，愿所遇之人，皆温暖如初。

不知为何，去到每一个陌生的地方或景点，总是会对光影特别敏感和欣喜，总是不愿错过任何一个有光影的瞬间。

往来皆过客，何曾有归人

清冷的夜，漫步平江路，穿越苏州旧时光。这一夜，我走了很长很久的一段路。喝了狐狸家的黄桃酸奶，啃了“鸡脚旮旯”的鸡爪，喝了在北京一直没喝的COCO慕斯抹茶奶茶，听了酒吧歌手弹唱的许巍的《旅行》，在转角遇到了两只猫，用手机和单反拍了很多明暗交集的照片。这一夜，遇见很多故事，想起那些旧时光。

在苏州和周庄的三天里，好奇地东张西望，走遍狭窄的小巷子，品尝寻常店铺里的当地饭食，听当地人使用淳朴方言家常闲聊。香芋马拉糕味道独特，值得品尝。

到每一个城市，总是不忘找一家有特色的书店，挑几本书，手写几行字，邮寄几张明信片，给远方的朋友，给未来的自己。

苏州的平江路上，夜色中的“猫的天空之城”（书迷称其为“猫空”）在树叶的衬托下格外美丽。一直很喜欢“猫空”那份对原创的执着，对插画的热爱。

“猫空”只贩卖自己设计的产品，有自己的喜好，一大特色就是可以在选定的日子寄明信片、寄礼物给你的朋友，或者你自己，“寄给未来”是“猫空”的专利，这几个字随时都在“猫空”的明信片墙上，书店里经营着四类书籍：旅行、艺术、绘本、文学。

一张书桌，一本书，一张明信片，一群志同道合的朋友，这就是“猫空”的坚持。

2015 年 1 月 1~3 日，在旅途中，在寒夜里，在时间的交汇点上。关于青春、迷失、跌倒、疲惫、冰凉、遗憾，然而却仍能微笑，仍能有坚持的理由和内心的力量。

不要为那年的青春哭泣，最好的自己你还没有遇到。我从来不害怕变老，我害怕的是自己配不上如今的年龄。

辗转红尘，流落于此。他们曾年少，或爱或恨，或梦或行。一别经年，如今谁在巷角静默，是等待，亦是生活。

在苏州博物馆里看到一尊佛像，内心特别平静，油然生出一种由内而外的力量，不知为何。

此刻，有一个声音对自己说：就这样倔强地活着吧！若是让你将本心禁锢于牢笼，那么 30 年积累的"你"只能死去，在另一副躯壳中苟活，你做不到。

建筑大师贝聿铭设计的苏州博物馆，视角确实独具韵味。很多人在此拍照留念。

去苏州博物馆的那天，恰逢"六如真如——吴门画派之唐寅特展"。在里边有幸欣赏到了 47 件书画精品和 1 部文集，"江南第一风流才子"唐伯虎的才情和魅力，堪称绝世无双。

拿手机拍照的大叔跟同伴说：这字真漂亮！我站在他背后，拿着单反对自己说：这构图真有趣！

回程，亦是归途。他乡即故乡，此处即心处。走不完的路，望不尽的天涯，是生命中的礼物。暮色将晚，携梦同往，且行且粹。

即将过去的 2015 年，读了不少书，也经历了不少事。渐渐明白，不管是书本里的故事还是现实中的生活，永远不可能如你所愿——这才是生活的真相。你无法掌控它，你只能掌控自己，规避加诸在你身上的负重，让每一个生命的瞬间，活得更有意思些，活得更精彩些。

再也不回去了，我知道前路漫长，但一路风雨又何妨！你想得到的，要靠努力和隐忍去换取。你所失去的，要用更好的自己去重逢。没什么如果当初，不管重来多少次，人生肯定都会有遗憾。所以，不需回头，人生若无憾无悔，那该多无趣。新的一年，不忘初心，行在现在，不惧将来。

谁在守望时光墟落的杭州

忽然觉得，人生也许就真的就是这样了，我们都走在一条同样的路上，走得很慢，隔得很远，却络绎不绝

——席慕容

去杭州的路上，耳机里一遍一遍地反复播放着李志的《杭州》：就像是一场战争，现在需要大雨浇灭理性，谁也无法逃脱，或是减少伤亡，黄楼里有个男人在弹钢琴，身边的少女偷情，一杯长岛下肚，转身跳进西湖。

很早之前就一直想去的杭州，虽然诸多友人都说杭州不如苏州，但最终还是决定把行程的最后三天留给杭州。

小时候看电视剧《新白娘子传奇》，长大后看南派三叔的《盗墓笔记》，以及杭州西湖，勾起了我内心无限遐想。

也许美，也许像他们说的就一个水塘而已，这些都不重要，重要的是我来了，看到了，走近了。

旅行就是一个过程，梦想着，实现了，留恋着，回忆着，对着相片傻笑着，自娱自乐却温暖着。

西湖断桥：江南好，风景旧曾谙

刚到杭州时还是很震惊的，坐车途经不知是杭州的哪个路段，一块巨大广告牌上的文字甚是吓人：从 2004 年起，该路段已经丧生 10 人。这个警示够直白，让人过目难忘！

到车站先买了本地图，后来发现西湖作为旅游城市还是蛮贴心的，很多地方都有旅游咨询处，有免费领取的自助游攻略，吃喝玩乐一应俱全，我也领取了一本，因为封面是国画戏曲版的白娘子许仙断桥相会，非常吸引人。

不过后来还是庆幸买了地图，因为攻略上面只有乘车路线而没有路线的详细信息，乘车还是比较麻烦的。

第一次知道西湖，是小时候从黑白电视机里播放的电视剧《新白娘子传奇》了解到的。等我真正的脚踏在歌曲《千年等一回》的断桥上时，岁月已经流逝了 20 年。白素贞和许仙成仙了，赵雅芝和叶童已成为大妈级的人物，而我也进入了后青春期时代。

听说西湖的晴湖不如雨湖，雨湖不如雪湖，雪湖不如雾湖。来得挺巧，除了雪湖，其他三种湖都看到了。拍到了很多的美景，也留下了一身的蚊子包。

当我坐在西湖边的木椅上遥想白娘子那魂牵梦萦的爱情时，当我走完苏堤的六座桥之后，我知道，我的青春可以祭奠了，那些黑白色的年华可以追忆了。

“江南好，风景旧曾谙。”景色依旧，不知不觉，我们就这样老了。天天照镜子的时候我们不会发觉，只能等到看到那些与我们熟悉人的脸上出现沧桑以后，我们才终有所悟：青春真的所剩无几了。

西湖的荷花艳丽绽放，人们争相用相机留下自己心中的美。只是，再美的花儿，终归要凋零。悲观也好，乐观也罢，这是一个不争的事实。明年西湖的荷花再次盛放的时候，我们的脚步已经不知步向何方了。

西泠印社：美好的东西适合存于意念中

到杭州的第二天，一大早便坐着 K7 路公交车前往西泠印社，产生这个冲动的魔鬼是因为三叔的《盗墓笔记》，书中的很多故事以及张起灵和无邪的悲欢离合就来自此处。游走了一圈，并没发现什么神秘的地方。其实，早就知道，这个世界可怕的不是鬼，而是人心的险恶。

有些东西一直留在大脑中挺好的，千万别变成现实，会令人失望的。那些美好的东西，存在于意念中就是不止于此，看过之后就变成了止于此了。

从西泠印社失望而归，便沿着西湖岸边走了一圈，走完之后，才发现比我在烟台沿着海岸线走一圈更累，也许是江南湿热的天气更容易让人疲惫。

之后去了河坊街，河坊街和北京的大栅栏很像，都是仿古建筑，卖小东西、人像速写、工艺品、龙井茶、小吃、丝绸手帕睡衣之类的，还有些自娱自乐弹琴唱越剧的老人。

河坊街直通吴山广场，然后就是有名的柳岸闻莺、岳王庙、苏白二公祠。柳树连接成荫，小桥流水，成片的绿地，远远地可以望见雷峰塔，还有建于五代十国时期的汉族古建筑保俶塔。

令人奇怪的是杭州竟然还有个武松墓。当然了，西湖边上是少不了苏小小墓的。她可是南宋杭州名妓，可谓是绝代风华，能歌善舞，德、艺、才、色俱佳，可与西湖山水争奇斗艳。只可惜，这位钱塘第一美人终究逃脱不了“自古红颜多薄命”的宿命，年十九咯血而死，终葬于西泠之坞。让一代又一代的才子们扼腕叹息，可怜可悲可叹！

十大名妓之一就这样长眠于西湖岸边，每天遥望着断桥和雷峰夕照。如果有一碗孟婆汤，她是否会忘却人世间的爱恨情仇。夜深人静的时候，她是否会在荷花池旁独自垂泪？

世界并不完美，人生当有不足——人生，落棋无悔！不知道苏小小是否有悔？

泛舟或步行，都是别样生活体验

西湖泛舟是一种别样的惬意生活，我体验了一把，只是时间太短，5 分钟时间就到了岛上。之后在岛上独步漫游了一圈，然后坐船回来，45 块钱的行程就此结束。不过在船上倒是看清了三潭印月。下船后，直接去了花港观鱼，可怕的是人比鱼还多。途中还看到了开屏的白孔雀和花孔雀。

从苏堤跨过第一道桥，天上开始打雷，还好带了雨伞。岸边开始陆续出现垂钓的人，还真的有人收获颇丰，钓到了据我目测有四五斤左右的胖头鱼。听说西湖边是禁止垂钓的，但是人太多，而且湖面积太大，管理不过来。

第三天继续没有走过的路线，从杨公堤到曲院风荷。其实挺无聊的，杨公堤是条公路，不像苏堤是步行街。曲苑风荷原是南宋朝廷开设的酿酒作坊，在苏堤之右，靠北山路，为西湖十景之一。曲院风荷的风景还是不错的，只是荷花拍得太多了，有些审美疲劳。

沿着曲院风荷向火车站走，下面的路途经过了国际名品街，音乐喷泉什么的，没有再滋生出特别激动的感觉，只是想把湖的一圈全走完，于是就一路走了下去。

16号晚上，坐上了K102次列车。7月，我的旅途就此告一段落。我站在西湖的左岸，看着来来往往的人，遥望尘封已久的梦，不悲过去，非贪未来。

下一站……我依旧在路上。

* *

时光带我深刻地认识自己，尽管是孤独寂寞，
我也只能头也回地往前走

一个妩媚有韵味的时髦女子

在飞机即将在浦东机场 T2 航站楼降落的那一段时间里，从空中往下俯瞰上海，很美，这是我对这个城市的第一感觉。

浦江、轮船、农田，黄色的绿色的江水河水汇聚，宛如一条飘带，顿时美得活泼起来。

从机场坐上地铁之后，八块钱的地铁单程车票终于让我知道了上海与北京的不同。那一瞬间，突然觉得自己三年的北京生活很幸福。

古朴与现代相融，繁华而淡然。

在上海的三天时间游览了一些景点：从杜莎夫人蜡像馆到南京路步行街，从东方明珠到外滩，从人民广场到城隍庙，从豫园到外白渡桥。

相较之前去过的青岛、烟台，上海更多的是风格迥异却结合很好的人文气息，而不是自然风光。

南京路步行街上传承历史的百年老店和现代气息浓郁的酒吧交

汇在一起，挂着空调的古老狭窄的弄堂，一边是匆匆而过、川流不息的人群，一边是淡然靠着藤椅光脚看报纸的老人。

豫园上海老街中有些很怀旧的东西，那些白色的小楼就映衬在高楼林立的现代化商圈中，大有看过繁华而后是淡然的感觉，不突兀也不统一。

不知道为什么，总感觉上海比北京显得更松散一些，似乎没有那么紧张焦躁，整个城市的气息不是那么匆忙。

当然，这只是我作为过客眼中的上海，也许他们的生活饱含着隐性的压力。

白天的上班时间结束在下午的五点，夜晚来临喧嚣刚刚开始，外滩人潮涌动，不禁感慨：这效果赶上节假日的天安门广场了。不过，外滩的夜晚真是美得炫目。一丝凉风吹过浦江，有种淡淡的南方特有的潮湿和温润的味道。

上海的夜景很美，美得让人沉醉，让我不禁想起了张爱玲以及她那个苍凉的手势。想了想这次的旅途，在心里感慨道：所谓的旅途，不过就是从一个你厌倦的地方到另一个别人厌倦的地方。

其实，每一次的旅途都不是为了散心和欣赏风景，只是希望在旅途中自己的心可以平静下来，好重新审视自己。

此外，旅途的另一层意义就是借以检验自己的摄影技术是否有所提高。

浦江是上海精致的面孔，高耸的楼和各种色彩灯则是上海最好的妆容。

在上海，印象最深的莫过于那些狭长细小的胡同，似乎上海人称之为里弄。那些胡同里边每一天都在上演着那些不断重复的故事——少了繁华，多了沧桑；少了装饰，多了真实；少了生活，多了生存。

我身在其中，感受到了前所未有的清醒与木然。连自己都感到奇怪，清醒与木然怎么会同时出现呢？

流水带走光阴，故事能否永不凋零。

到达上海的当天晚上，与同宿舍的大学舍友相聚到了一起，此番见面已经是大学毕业三年之后，虽然没有恍若隔世的感觉，却生出一种陌生久远的情愫。

与他们相视而立，吕威变胖了，有领导气质了；洪帅变白的同时也更为成熟了；兰存的外貌没多大变化，却更有男人味了。

吃饭的时候，聊了很多，聊大学的过往时光，聊现在的工作生活，那些喜怒哀乐，那些酸甜苦辣在酒里被我们一饮而尽。

这次聚会，感觉自己比大学的时候稍微健谈了一些，酒也是喝得最多的一次，而且自己是主动的，因为相聚的不易，因为相聚后内心的快乐。饭后一起合影留念时，心里边感到很温暖。对着我的佳能单反镜头，脑海里浮现出了钮哥、顺生、小松、艳慧、张健等很多舍友或同学的身影。

不知身在何方的你们，是否一切安好？

去东方明珠取杭州到北京的火车票的时候，再次见到了春晓，我的高中同学。上次见面是出差去广州的时候，那是高中毕业后的首次见面，时隔 4 年，整整一个大学时光；此番见面，时间又流逝了三年。两次见面，相隔七年，唯一相同的就是取返京的火车票，出发地不同，但终点相同。

时光如水！很多时候，在我们还来不及回忆或忘却的时候，时光已经被雕刻成了书签里的树叶，纹路清晰，只是谁也不知道它何时凋零。

离开上海前往西塘的时候，我只能对着空气与他们挥手而别。不知道下次见面会是几年之后，也许那时候，我们都已经是奔三的人了。

在前往西塘的长途汽车上，我再次翻看了我们的合影照片，在心里默念，希望你们一切都好，希望我们再次见面的时候，大家还能像现在一样，露出青春的傲然微笑。

搁浅的文艺梦，深藏的民国情

我们这一生一直在路上，一直在寻找渐渐迷失了的那个自己。

我们放弃理想，很多时候，并不是因为生活所迫，而是我们内心投了生活的票。

最好的旅行，就是你在一个陌生的地方，发现一种久违的感动，而且那种景象与感觉似曾相识。

人生总是随着时间的推移变得越来越烦琐、世故，甚至苍茫而困惑。每当这个时候，我总会想起鼓浪屿，那个仿佛孩子般单纯、质朴、干净的地方。于我而言，那是一个寻梦的场所。如果要选择一个不用犹豫，拎包就能远行的地方，或许非鼓浪屿莫属了。当在北京这样的大都市终日周旋在钢筋水泥的丛林时，总希望寻求一种除了忙碌之外最纯粹的干净和简单。终于在气温骤降的 11 月，我逃离北京，飞奔鼓浪屿。只因为，此刻，我们途经梦想，且作停留！

飞行了 4 个多小时，终于来到了温暖如春的厦门。第一站，我直奔鼓浪屿。鼓浪屿是一座紧挨厦门半岛的小岛，轮渡是通往它的唯一交通工具，往返船票只需 8 元。

赶到渡口时已经是下午一点多，游客人头攒动，皮条客也不失时机地推荐金门游、环岛游。在渡口等待游轮时，远远瞥见对岸的鼓浪屿，有许多红色的无名建筑点缀着绿色小岛，闻名遐迩的日光岩竖立在岛中央，据说那里能俯瞰鼓浪屿全景。怀揣着满心的希望与无数未知，我踏上了渡轮。

上岛的第一件事就是买盖章本，然后开始找寻和盖章之旅。至于手绘地图，我第三天才买，因为来鼓浪屿就是为了迷失的。

鼓浪屿修有一条环岛路，全长 6 公里，由道路、隧道、曲桥组成。岛上没有机动车辆，游览全部要靠步行。也可以乘坐电瓶车环岛游，价格 20 元／人，但只在几个重要景区门口停留。

鼓浪屿因海浪击打岩石仿佛鼓声阵阵而得名，因此鼓浪屿从一开始就被赋予了浪漫的色彩。整个岛自此与音乐结下不解之缘，从自然的鼓声到人文的琴声，在鼓浪屿上你能感受到音符的跳动。

鼓浪屿不大，所以最好的方式便是步行，也只有在步行中，才能充分发现这座小岛的迷人之处。那些风格各异的建筑，那些富有特色的小店，那些藏在巷子深处的小吃，都需要一步一步去探寻、去发现。

煮一杯咖啡，泡一壶清茶。在鼓浪屿行走，只为体验一种感觉：一个人恬静淡雅的感觉，两个人温馨浪漫的感觉，或者是一种远离世俗、远离尘嚣的宁静感。

海边的沙滩是最容易感悟生活、发现自我的地方，看翻滚的海浪生生不息地拍打岩石，远远而来又默默离去。在来去的刹那芳华，繁忙和喧嚣都被带走，心灵的疲惫和尘埃就这样被洗涤干净。

福建路集中了许多原使领馆建筑，一个人走在幽静的小巷中，欣赏着别致的建筑，一幢又一幢别墅就这样从身边掠过，有点迷失。爱上鼓浪屿，因为它的艺术美，因为它的恬静舒适，因为它代表着一种别样的生活方式。

鼓浪屿的每个建筑都有自己的灵魂，为了等待与你共享一段春光，它们把自己的故事兀自百转千回下去……

慵懒的午后，和煦的海风，洁净的花草，在这里可以静静享受冬季里被放慢的静谧时光。

在密布公路和高楼大厦堆砌的城市中，我们丢失了太多所想，遗忘了心中那张梦想清单，却用着“我不敢”的态度去过度掩饰自我。我们习惯了妥协让步，习惯了沉默顺从，甚至开始喜欢人云亦云、随波逐流。所以，不要再抱怨这个社会有多么虚伪和不公。你真的在做你自己吗？还是在重复别人的人生。

岛上的人不多，但跟想象中比，还是略微嘈杂了些。与我之前到过的平遥古城和西塘相似，商业化给这座海岛留下了深深的印迹。

晚上的鼓浪屿和白天完全是两个样，不仅仅是人流。夜晚的鼓浪屿有安静的小巷，昏黄的路灯，蔓藤攀爬的围墙，整个小岛在若隐若现的灯光里，显得朦胧而安静。

中式、美式、荷式、葡式，乡村、地中海……你能想到的装饰风格和样式基本都能在鼓浪屿找到，而吸引你的，可能不是哪种风格，或许只是那一盏暖暖的灯光，抑或是那慵懒的气氛、心情。这里的时光，让每一个沉思默想的瞬间，都使人感觉恬静、淡然和安详。

鼓浪屿也被称为“世界之猫岛”，猫咪是岛上的吉祥物，是因为这里的确有很多猫，无论是活的还是招牌，总之不经意间总会遇见猫。

鼓浪屿上有三只名猫，一个是张三疯欧式奶茶铺里的“张三疯”，一个是娜雅咖啡里的“芬达”，一个是 babycat 私家御饼屋里的“杰克”。可惜，我都没见到这三只猫仙的真身。不过，我的猫缘依旧不减，在厦门的中山公园和鼓浪屿分别邂逅了一只白猫和狸猫。

鼓浪屿上的特色小店数不胜数，各具个性。如以猫咪命名的张三疯奶茶铺、总是人头攒动的黄胜记肉干铺、提供浓香咖啡和美味馅饼的 babycat 御饼屋，时间在行走中就这样不经意地流逝。

在鼓浪屿，你会发现，生活原来如此简单。你可以找猫、找路、找风景，也可以找历史、找美食，其实是在找一个自己为自己编织的梦境。岛上的龙头路有许多特色小店，走累了就到张三疯、号外、潘小莲店里闲坐着发呆，体验什么叫慢时光，什么叫生活。

一段旅行，一段回忆。很喜欢“漂流慢递”里的话语：明天的你，会在哪里？七年之后，你依然这样爱我吗？十年后，我们是否像当初那样幸福？

三角之恋含义是三角梅之恋，店家非常喜欢美丽的三角梅，刚好此店在三岔口，因而得名。

不想去想不曾拥有的、已经失去的那些……我的、你的、我们的记忆中未知的是你的后巷。某年某月某日某个夜晚，一个叫“陌上初薰”的行者在一个叫“陌上花开”的店前路过。

还是那么喜欢海，喜欢在沙滩上赤脚行走，喜欢在涨潮或退潮时捡贝壳，因为这一刻，自由徜徉于心底。

很羡慕生活在厦门大学里的学生，就跟烟台大学一样，心累的时候可以走着去海边，吹风、听浪。

这是我写得最乱的一篇旅游随笔，如同鼓浪屿一样，让人沉醉，让人迷失，而且是心甘情愿的。

漂流的日子里，心有所依，2012年11月1日~3日，我在鼓浪屿。感谢自己有说走就走的勇气，就像日本茶道里说的一期一会，人生是经不起等待的，那样只会老了时光，没了心境。

再见，厦门！再见，鼓浪屿！再见，南方！再见，时光！

江山几度轮转，秦淮河畔思故人

去南京前，我最先想到的是我很喜欢的民谣歌手李志的一首歌——第二张专辑《梵高先生》中的《你离开了南京，从此没有人和我说话》,歌中唱出了李志对在南京时的大学生活无比怀念和眷恋。

“我看见你靠在窗口沉默，路过了青春我们还拥有什么，我总是能想起许巍的那首《两天》，我只有两天我从没有把握，一天用来路过另一天还是路过。”

如同我们对某个城市的情感一样，虽不时常提起，却总会在某个不经意间想起,然后怀念所有的场景和过往,独自哽咽或泪流满面。

虽然我们都喜欢生活在别处，但总有某个别处就是吾乡。

美人迟暮，秦淮八艳今安在

南京与北京、西安、洛阳并称为“中国四大古都”，素有“江南佳丽地，金陵帝王都”的美称。

踏入这个城市，夫子庙是必去的景点之一。“天下文枢”牌坊、青石路、青瓦白墙，历史和文化底蕴跃然眼前，威严气派而又古色古香。

夜晚的夫子庙灯火通明，相比于白天，又是一番别样的美景。“秦淮花灯甲天下”足以让人痴迷沉醉，流连忘返。

作为南京的母亲河，秦淮河有溧水河、句容河两个源头。乘坐画舫，泛舟河面，可以一览沿途的名人故居和历史遗迹。

秦淮河南岸还有个“大照壁”。黑瓦红墙，壁上两条金龙栩栩如生，霸气十足。据史料记载，它全长110米，高10米，是全国的照壁之最。

但相比这个，秦淮八艳（又称“金陵八艳”）更为知名。

有人说，任何一个时代都需要大众情人。由此推断，晚明时代的大众情人就是秦淮八艳——顾横波、董小宛、卞玉京、李香君、寇白门、马湘兰、柳如是、陈圆圆。

她们自幼就接受了琴棋书画诗词曲赋的熏陶和训练，长大后多才多艺，能诗会画，忠于爱情，气节不俗。可以说是色艺双绝，更难能可贵的是始终卖艺不卖身，她们的书画诗词作品有部分保留至今。

而她们的爱情更是值得称道，盛传于世。柳如是与钱谦益，李香君与侯方域，卞玉京与吴梅村，董小宛与冒襄，顾横波与龚鼎孳，寇白门与朱国弼，陈圆圆与李自成、吴三桂。

而李香君与侯方域间的故事，更是经过《桃花扇》的演绎让妇孺皆知。不过遗憾的是，在“秦淮八艳”之中，记载中好似只有马湘兰没有爱情罗曼史。

她们美丽、纯洁、多情、才气横溢。只可惜，“红颜自古如名将，不许人间见白头”。

在秦淮河边路遇一个老大爷，聊天中他告诉我，他已年过90，虽行动不便，但每天都会要求其子女带他来河边一望。他说他在南京生活了九十年，见到了太多的历史沧桑和人情世故，儿时的玩伴、身边的亲朋好友，陆续有人与他永别。他每次站在岸边，借旧景和记忆，回望和思念故人。

临分别前，给老大爷照了张相片，他布满岁月痕迹的脸上，洋溢着安享晚年的幸福笑容。

考取功名，衣锦还乡归故里

江南贡院是中国最大的古代科举考场，东起姚家巷，西至贡院西街，南临秦淮河，北抵建康路，其鼎盛时期仅考试的号舍就有20644间。

现在的江南贡院，只保留了明远楼、贡院碑刻等重要文物古迹，复建有考试时考生所用号舍40间，以寒暑秋冬霜雨阳等命名。此外，古时考生所用文房四宝、油灯、食品以及专门制作的电动模拟考生塑像也展现了当年科举的盛况。

“十年寒窗无人问，一举成名天下知”就是它最真实的写照。

据说唐伯虎、郑板桥、文天祥、吴敬梓、林则徐、施耐庵、曾国藩、左宗棠、李鸿章、陈独秀等历史名人均是江南贡院的考生或考官，而中国最后一个状元刘春霖也出于这里。

得月台是秦淮河畔的一座楼，是民国时代南京红极一时的清唱场所，现在是一座苏系餐馆，主营夫子庙的各种传统小吃，物美价廉，值得品尝。

传说农历十一月十五，子夜12时，满月正好在文德桥正顶上。如果站在文德桥上，就能看到桥两侧的河水中各有半个月亮。

“得月台”由此得名，它也是古时南京城繁华落尽，命运成尘的见证者。

夫子庙里的南京美食和小吃众多，以鸭血粉丝汤最为出名。

它的来由还有个故事——话说当年南京城里一穷人杀鸭时用碗来盛鸭血，不慎将粉丝掉入碗内，只好把粉丝和鸭血一起煮，结果格外美味，随后流传开来。

昔日如歌，终将尘归尘土归土

南京博物院坐落于南京市中山东路321号，是中国三大博物馆之一，它位于中山门内北侧，有历史馆、特展馆、数字馆、艺术馆、非遗馆、民国馆。

里边最著名的藏品有毛公鼎、历代帝后像、唐明皇幸蜀图等稀世国宝，另外还有100余件文物，是北京故宫博物院和台北故宫博物院所没有的稀有文物（这个比较有看点）。

南京总统府给我印象最深的是中学历史课本里的一张老照片——《解放军占领南京总统府》——在初升太阳的照耀下，解放军后续部队大批开到总统府门前的广场，几十名战士争先恐后地登上总统府的门楼，青天白日旗飘落下来，战士们打开一面红旗，在欢呼声中，红旗徐徐升上了旗杆的顶端。

这张闻名中外的历史照片，相信很多人都看到过，而且还留有印象。这张照片背后的历史是这样的——一代伟人邓小平率领人民解放军第二、第三野战军共 24 个军约 100 万人，强渡长江天险，占领南京总统府，正式解放南京。

总统府门口有模仿蒋介石的中年男人，长得确实挺像的，合影要收费，10 元一次，明码标价，童叟无欺。

离开总统府，下一站要去的就是南京 1912 街区。因为它东邻南京总统府，走过去比较方便。

1912 街区其实就是一条酒吧街，以民国文化为建筑特点的商业建筑群，由 17 幢民国风格建筑及共和、博爱、新世纪、太平洋 4 个街心广场组成。

这里的建筑比较有民国风情，充满小资情调，大多都是青灰色与砖红色相间的建筑，风格古朴，适合约会、拍照。

里边有很多酒吧、咖啡馆，还会经常举办一些活动。

不管是“无言独上西楼，月如钩，寂寞梧桐深院锁清秋”的孤寂与凄婉，还是“月上柳梢头，人约黄昏后”的柔情蜜意，我们都无法抵挡时光的流逝。鲜衣怒马也好，风烟俱净也罢，终归隔了一剪光阴，而生活仍旧继续，故事仍在轮回上演。

行走同里，用眼睛描摹一幅水墨画

同里，始建于宋代，江南六大古镇之一，旧称“富土”。唐初，因其名太奢侈，逐改为“铜里”。到了宋代，将旧名“富土”两字相叠，上去点，中横断，拆字为“同里”，沿用至今。

同里由网状河流将镇区分割成七个岛，风景优美，以“小桥、流水、人家”著称，被赞誉为“东方小威尼斯”。和周庄、乌镇、南浔、西塘等江南古镇相似，同里的房屋建筑大都傍水而建，依水成街，建筑规模相比周庄的要大一些。镇内以明清建筑为主，多是深宅大院格局，被专家称为“明清建筑博物馆”。

主要景点可以概括为“一园”（退思园）、“二堂”（耕乐堂和崇本堂）、“三桥”（长庆、吉利、太平三座石桥）。

庭院深深深几许

同里水多桥多，明清建筑临水而筑。最著名的园林莫过于建于清代的退思园，已被列入世界文化遗产名录。它是清光绪年间（1885年）安徽兵备道任兰生回归故里后建造的一座私家花园，取《左传》中“进思尽忠，退思补过”之意而建造。

一般的江南园林都是住宅，花园前后设计，而退思园的园林设计独特，采用的是并排设计。亭、台、楼、阁、廊、坊、桥、榭、厅、堂、房、轩一应俱全，并以池为中心，诸建筑如浮水上。

院子里挂有不少红灯笼，与满眼的绿色形成鲜明的对比。古树众多，一窗一树，苏州园林的精巧尽收眼底。

退思园外宅有三进，作为主人待客之用；内宅南北两幢五楼五底，作为主人与家眷居用。庭中大树多为香樟，还有一些植物花草。坐春望月楼、菰雨生凉轩、桂花厅、岁寒居，点出春、夏、秋、冬四季景致；琴房、眠云亭、辛台、揽胜阁则呈现了琴、棋、书、画四艺景观。

园林中的假山、亭台、奇石绕水而建，长廊上的瓦片和瓦当精美别致，历经风雨沧桑，布满青苔，点缀得很是清雅。

放眼望去，园子里遍地绿色，从高处俯瞰整个花园，亭台楼阁大小不一，高低错落有致，完美相融。走在里边，如同古代隐士才子在享受园林小景一般。

同里的文化源远流长，人文荟萃，读书人甚多。据相关史料记载，自南宋淳祐四年（公元1247年）至清末，同里先后出状元1人，进士42人，文武举人93人。

即便是景区里一个普通的工作人员，也会在闲暇时间看书充电。可见，这里的文化之厚重。

自《包氏父子》剧组第一个踏入同里取景，随后的《话说运河》更是让影视剧组纷纷慕名而来。《红楼梦》黛玉葬花的花园，《林冲》中林冲鲁智深饮酒的小楼，《家》《春》《秋》里森严的高府，《董小宛》中的董宅，都取景于这里。

同里的住宿很出名，因古镇中大多数的“旅店”都是文物保护单位。很多院落还保留着古代的样子，随便一个石桌、石凳，或是石缸，都有可能是明清时代的。“旅店”的客厅也照着古人的生活习性摆放着八仙桌、太师椅等家具。此外，墙上还会挂着一些古训的字迹。

这里既有高档宾馆，也有特色客栈和民居小旅馆，数量多，设施全。我尤其喜欢一家叫“那时花开”的旅店，坐落于此，光听店名，就感觉底蕴十足，仿佛吹了一股江南古镇之风。

青砖灰瓦，岁月静好

那些饱经风霜的千年石桥，那些曲径通幽的小道和长廊，那些斑驳的墙壁，那些浓绿的苔藓，那些凋零清冷的木门，那些孤绝兀立的房檐……像极了一首婉约缠绵的宋词，像极了一幅深藏其中的水墨画。

生活在北方的人，经常看到的都是红色的梅花。而江南的腊梅，却都是黄色的。就个人感觉，与红梅相比，黄腊蜡梅显得更为清淡雅致，也更耐看耐拍，尤其远景有古镇为衬托。

在同里，随处可见一株株盛放的腊梅斜倚在古老的青砖灰墙上，芳香恬静，令人神清气爽。一位大叔告诉我，腊梅越是入夜，香气越是浓厚。

游走同里，自然少不了来回穿梭于大小不一的弄堂之间。同里的弄堂，目测过去也得有个上千条。这些弄堂，墙体斑驳，通道狭窄，有幽暗的小径，也有明亮的走道。深入其中，别有一番风味和情趣。

每一条弄堂，都有着不同的传说或是故事，见证过繁华喧嚣，也经历着岁月沧桑。同里的弄堂，就是一部浓缩的同里的历史。

同里的饮食文化带有典型的江南特色，美食和小吃很多，比较出名的有状元蹄、青团子、退思饼、太湖三白、同里小熏鱼、草鸡煲、酒酿饼、麦芽塌饼、桔红糕、酒酿圆子、闵饼、糕里虾仁、三丝鱼卷、香油鳝糊、芡实、撑腰糕等。

这里的每一条街，每一座桥，每一栋建筑，每一片瓦砾，都向游客展示着风土人情和市井生活，淳朴而不失韵味。

很多居民家的门口都挂着自制的腊肠，颜色和味道，看着很有食欲，甚是诱人。

千年古镇，明清旧时光，燕子来回呢喃，故乡梦依旧。斑驳的铜锁之后，不知道见证了多少人情世故和岁月变迁，背后是否有着一个不为人知的故事，或是一段流传于世的美谈。

一把锈迹斑斑的铁锁，锁住了时光荏苒和岁月不再，锁住了浣溪少女的年轻貌美和痴心爱恋，锁住了错过和遗憾，锁住了小巷千百年的悠长故事，锁住了所有的红尘和轮回。

人生若只如初见，当时只道是寻常

同里的清美，不必多言。岸边人家的水乡生活，才是真性情。晨雾散去，沿街而下的台阶，河边有不少妇人正在洗衣洗菜。

去接外孙放学的阿婆，在弄堂里抬头冲你会心一笑；小店门口聚拢着三三两两的妇人，用绵软的吴侬语自在地闲聊；街边的拐角处，坐着独自晒太阳的老大爷，渴了就饮一口茶；门后的老奶奶静静地坐在小凳上，眼睛一直往门外眺望，她在等待和寻找什么？在岁月沉淀的皱纹里，他们神态安详，经历各异。人来人往，闲适而充实。

我们总是认为自己还很年轻，从孩提、学生时代到成人、初涉社会，即使遭遇挫折也坚信明天会更好。于是，我们浪费每一个短暂的午后，每一个无人的清晨。然而，时过境迁中，看着大街小巷里那些衰老的背影，我们仿佛看到了自己未来的模样。他们曾经也像我们一样，进入陌生的城市，为爱情、荣耀、梦想肆意挥洒青春，憧憬着未来。可时光荏苒，容颜老去，曾经的他们和现在的我们有何不同呢？

同里有着千年的文化积淀，丝竹、暄卷、评弹、戏曲、小调、花篮、莲湘、舞龙、舞狮、桥灯、河灯等，都是极富传统魅力的文化遗存和流传曲目。如今，这里入驻了静态酒吧、书吧、咖啡厅等商家，文化在历史与现代中交相辉映。

俗话说，一家书店温暖一座城市。喜欢看书，邮寄个性明信片的你，一定不要错过“猫的天空之城”，里边有很多与同里元素相关的手绘地图和自制明信片等旅游纪念品。

临街而坐，微风吹来，看着这个古镇的一草一木，一砖一瓦，顿觉岁月静好。生活总有两面，如同光与影，一边明亮，一边黑暗。

我只是一个生活的记录者，总有一些时光，总有一段旅程，留存于我的文字，我的音乐，我的片子中，虽然我们都有了个当初不曾料想的以后。

不只是繁华，还轮回上演市井生活

打开电脑，退掉去往海边的动车票，订了飞往深圳的航班，然后直奔香港。

9月的第1天，再次率性而为，任性出发。只为答应过自己的旅行，就要拿出勇气去实现。

深夜两点，安全抵达深圳。浑浑噩噩地随便睡了一会儿，早起收拾行装。从宝安机场T3坐机场8线前往深圳湾口岸，准备去香港。车窗外的风景，雨中奔走的行人，南方特有的芭蕉树，姹紫嫣红的三角梅，每一个场景都似曾相识，犹如回到故乡一般，亲切而又疏离。

首站先去尖沙咀，寻得茶餐厅，看着某些场景，感觉和TVB电视剧如出一辙，忽然觉得不喜欢看电视剧好像真的错过了些什么。

吃完下午茶，去维多利亚港湾吹吹风。云雾下的维多利亚港和星光大道依旧迷人，天气阴沉，但光环不褪。人们匆忙寻找着可以遮风挡雨的地方，然而，他们始终未曾湿身。

维多利亚港岸边中环一带的国际金融中心，这才是真正意义上的高耸入云，在里边办公的人，往下眺望，在他们眼里，我们是不是形同蚂蚁般渺小?

“东方明珠”，香港最有代表性的景观——维多利亚港两岸高楼林立，游船码头、咖啡店和水广场错落有致。无论近观还是远眺，维港两岸都尽显奢华、美丽，生机勃发。

路人甲问：王家卫的手模呢？路人乙答：他从未卑躬屈膝，俯首称臣。路人丙笑了：或许，他只是不喜欢做俯卧撑罢了！

人生也好，生活也罢，总像一部融合了多种元素的电影。唯一不同的是，它无法像电影一样，重来。

电影里的人生，生活里的电影，孰真孰假，孰优孰劣？当摄影机的镜头伸入人心，这是否意味着谁认真，谁就输了?

稍事休息后，乘游轮到中环，坐 15 路车一路直达太平山山顶。太平山海拔 554 米，是香港的第一高峰，被视为香港的标志，夜景被列为世界四大夜景之一。

如果说重庆的夜景像售房处的沙盘，太平山顶俯瞰香港，有种繁华尽收眼底的震撼，这些璀璨的灯光，倒影在碧海，随手一拍就觉得像一张明信片的感觉。

从山顶公园可俯瞰港九市区，给人一种置身在太空之观看港九的感受。太平山上俯瞰下的香港夜景，果真比从南山一棵树上俯瞰下的被称之为“小香港夜景”的重庆夜景更繁华，更毓秀，更富有小资情怀。

拍照的时候，不禁想到歌手周云蓬曾说的话：真没想到香港还有这么大的山。在山顶，环山一周，听到下面城市的声音，仿佛在南迦巴瓦峰脚下，听雅鲁藏布江的滚滚怒涛。借朋友的眼睛看，俯瞰夜色香港，仿佛打翻了杜十娘的百宝箱，宝光璀璨。其实我理解一个伟大的城市，和大自然中的大森林、大海同样壮观。

游览太平山，可以乘车从公路盘旋而上，也可以选择登山缆车。山顶设有很多专为游客观景的设备，从山上俯瞰维多利亚港及九龙半岛，一览无遗。观赏夜景的最佳位置在缆车总站附近的狮子亭和山顶公园。

交通：从中区花园道可乘山顶缆车（中环天星码头有免费接驳巴士来往）。乘坐缆车从山下到山顶全程 1.4 公里，只需 8 分钟就可到达山顶。缆车从早晨 7 点直至午夜，每隔十几分钟就发一班车，还是比较方便的。

也许，你会认为游轮上船员的工作是这个世界上最好的工作之一，各种嬉笑怒骂、狂欢作乐和浪漫的海上风光，还可以随着奢华的游轮周游世界。但此时此刻，船员大叔的背影是孤寂落寞的。他可能在回忆往昔，也可能在遥望未来。谁知道呢！

“你知道就算大雨让这座城市颠倒，我会给你怀抱，受不了看见你背影来到，写下我度秒如年难挨的离骚。就算整个世界被寂寞绑票，我也不会奔跑，逃不了最后谁也都苍老，写下我时间和琴声交错的城堡。”在维多利亚港港口附近，一个清脆悦耳的男声让很多游客停止了脚步，不约而同地寻着声音的方向望去，用手跟着打起节拍，或者用手机拍照，发个微信朋友圈或 QQ 空间说说。

看到这么破旧的楼宇和装潢，估计都没几个人相信这里真的是尖沙咀警署。但如你所见，这是真的，在弥敦道上。

他（她）们摆着形态各异的 pose，只是为了吸引游客的目光，以及合影拍照。然后，一脸不屑地眺望远方。

左还是右？前进还是后退？时间凝固在这条街上，仿佛回到了那个动荡不安却依旧夜夜笙歌的年代。跑了那么远的路，只是为了摆脱怀旧的重负！

的士大叔问我：内地的朋友，你想去哪里？我说：世界那么大，我想去看看。然后，他把我带到了一家名为“看看”的茶餐厅。

能救赎自己的，不是圣子，也不是圣母。但有个忠实的信仰，终归是好的。毕竟，灵魂总是那么容易动荡不安。

别的地方是一块反面的镜子。旅行者能够看到他自己拥有的是何等的少，而他从未曾拥有和永远不会拥有的是何等得多。多少繁华始于此，终于此，但熟悉的风景依旧有风景。

一种不知名的蕨类植物，在墙上肆意生长。

9 月 3 日，内地与香港足球比赛开始（2018 世预赛）在即，在香港弥敦道街边报刊亭售卖的杂志的封面，这个海报的创意和设计让人感觉到“大战”一触即发。

只可惜，当天的比赛与 11 月 17 日客场对阵香港队的比赛结果都令人沮丧，就如同近期的雾霾天一样，让人压抑、憋闷甚至绝望。而令球迷最难以接受的是天灾和人祸的双重打击残酷地打败了国足，它可以先人一步着手准备 2022 年的卡塔尔世界杯了。

香港街道两旁有很多的榕树，古木参天，阳光透过新长出的嫩芽，使我想到了延参法师说的：“生命是多么的辉煌，生命是如此的精彩。”

其实，榕树对香港市民来说，也许还有别的含义。因为舒乙先生写过一篇文章《香港有棵老榕树》，里边写道：一棵大树出现在人们面前，树干很粗，树冠直径足有20多米，独树成林，非常壮观，形成一个以它为中心的小公园，取名叫“榕圃”。树荫下有长椅，长椅上有两三人闲坐，走近一看，竟是真人大小的铸铜雕像。此情此景，如不是刚从下面上来，绝对想不到树下还有一座宏伟的现代大厦。只有懂得爱植物和尊敬植物的地方，才是真正领悟人的价值的地方，才是能在地球上创造奇迹的地方。

也许，它的特殊意义就在于展示了香港人民对待人与自然一种共存共荣的态度。

在香港的街上行走，很容易看到“无印良品”等各种高端品牌店。很多人来到这里，目的很单纯：购物。

其实，这里还有很多安静的角落，让你可以丢掉所有的面具、伪装、做作、纸醉金迷、歇斯底里和不堪重负，不用在乎旁人的眼光和想法，做真实的自己或是遇见另一个自己，管它忧愁还是快乐，管它孤独还是幸福，管它云散还是花残，管它雪消还是月阙，我们要的只是遇见内心。

有一天，我们的青春终将献给身后的某座城市，我们终将付出年华的代价，我们终将在某一首歌里尽情唏嘘，我们终将化作沉默的火华丽的灰，我们终将诉一段身不由己的宿命。

从北京到深圳再到香港，这两天的旅途，总有望不尽的风景，走不完的行程，拍不全的照片。好在，还有好故事可以说。看到这里行驶的汽车、出租车、公交车速度都很快，好奇之下问了路边的老大爷，大爷回答说：因为这里的人都很遵守交通规则，不乱闯红灯，也不横穿马路。听完我仔细观察了下，事实果真如此。

站在从香港开往澳门的轮渡，我已经不去想这一路追随的是谁的旅程和怎样的一个旅程。也许，若不问来路与去程，人生会容易和简单得多。

在路上，在各自的天涯，在下一个春暖花开的月份，我们会遇见最初的自己。不是吗？

我们放弃理想，很多时候，并不是因为生活所迫，而是我们内心投了生活的票。

* *

你的人回了北京，心还留在澳门

9 月初的一个中午，跟小川去黑松白鹿吃了告别宴。然后我背起行囊，用秋天收割夏天，用生活换取生活，用面孔遗忘面孔，用陌生迎接新生。未来的路虽然依旧荆棘遍布，依旧难以预知，依旧不可掌控，但仍旧唯愿自己不被生活磨灭初心，一直做一个带着勇气和好奇出发的有趣的人，让故事不只是故事，让生活不只是生活。

吃完午饭，整理行装，从香港中环码头奔赴澳门。看到免税店，买了一条万宝路，一条“骆驼”，然后在澳门海关那被扣押了，可怜我的 400 多块钱啊！仅此告诫大家，澳门携带香烟超过 19 支就算是走私行为。可以选择不要了，或者用 2000 元的税金（罚款）赎回。不管你最终做出哪种选择，都是割舍，都是泪。

澳门海关出关，果真就见到了发财车，顺利抵达新葡京，当然停车地点是在赌场门口，穿过赌场，回到酒店。交了押金发现现金不足，去工行取了 500 块钱，这边的取款机是先出银行卡后出钞票的，等待出款时跟同行的阿猫开玩笑说，不会 500 块钱就一张吧？结果，不幸被言中了。

安顿好，步行到新马路，依旧是发财车，到了澳门银河对面的“威尼斯人”。

如很多人所言，这里真的是高端大气上档次，低调奢华有内涵。这里云集了 350 家购物商户，数十家食店和 3 条各长 390 尺的运河，还有全亚洲最大的“曼联旗舰店”。

最令人惊艳的是，“威尼斯人”里有一幅偌大的天幕，配合电脑控制的灯光效果，营造出晨昏日出日落的云彩和天色。

在里边尝到了阿秋推荐的葡式蛋挞，真的很赞，嫩嫩的味道也很棒，极力推荐。

因为地方太大，走着走着就迷了路，一不小心就拐到了博彩区。和热情的服务员聊了聊，询问了下各种玩法规则，然后两个破罐子破摔的金牛座小赌贻情，果真输了。

梦的源头，都是从赌场开始。赌城疯狂，但民风淳朴。诚如赌王何鸿燊所说，不赌就是赢。

在这里最直观的感觉就是，澳门的赌场不像想象中的那般乌烟瘴气，而是秩序井然，大多数“赌徒”应该还是我们这种试试玩的，遗憾的是没有遇到明星，有可能遇到也没注意到吧。

晚上逛了大三巴，风景还是不错的。大三巴牌坊的对面就是新葡京赌场，历史就这样对视现实。而这座城市以一种特殊的方式留住了自己的历史，留住了人们对历史的记忆。

议事亭前广场充满葡国风情，由于地势较高，夜晚凉风习习，许多人坐在石阶上或牌坊前广场旁聊天纳凉。

夜晚在这边闲庭信步的时候，一定要尝尝澳门的手信，因为手信最能体现澳门的风情与文化。钜记在澳门手信业界是个奇迹，它最初在街头巷角以推车仔卖花生糖及姜糖为主，但目前这个只有十二年历史的品牌售卖货品已超过三百多款，连续七年成为澳门手信食品销量冠军，现占全澳手信食品总销量超过七成。

第二天一早，从京都酒店坐公交车到妈祖庙，这边的站点名叫妈阁，站点显示大概七八站，其实距离很近。妈阁一如很多庙宇一样，寻香而至，香火旺盛很容易找到。门口的雪糕不容错过，味道超赞。

这一天的澳门，天很蓝。这里的道路很窄，街道高低不一，街边都是各种老式建筑，各种摩托车，各种肤色和说不同语种的行人，看似纷乱繁杂，却很有秩序。午餐去一家泰国人开的餐厅吃饭，老板和服务员会说泰语、英语、葡萄牙语、粤语、普通话，瞬间觉得自己的语言天赋弱爆了。

澳门的教堂很多，建筑设计还是很重要的。第一次走进教堂，高穹顶，层次及明暗搭配，哥特式五彩窗画，原木条椅，安静的氛围，设计感十足，真的让人觉得庄重而神圣。

有信仰的，真的是很幸福！虽然我没什么信仰，不信基督教，不信天主教，但进入到澳门的各个教堂里，那种肃穆的感觉，真的会让人安静下来，倾吐自身的罪恶和内心的幽暗。也许，忏悔完并不会减轻多少罪孽，但至少你敢勇于面对和接受自己，不管是善的，还是恶的。

向神父忏悔完，是不是真的就会有金色光芒照耀内心，净化灵魂，从而得到救赎？

不管是因何而生，生命都是一样的。香港也好，澳门也罢，一样有着普通人的市井生活，一样有着嬉笑怒骂、酸甜苦辣、悲欢离合，一样在戏谑人生：轮渡上当船员的大叔，午夜出租车的司机，街边卖报的阿姨，去菜市场买菜的老奶奶，打扫卫生的社区保安，无印良品店里的销售员，街头弹吉他卖唱的年轻小伙，澳门威尼斯人赌场里的荷官。谁比谁幸福？想知道，你只能去问当事人。再说了，真实的生活里，谁能永远微笑？谁又能一直保持那个最美丽的姿势？柴米油盐的家始终和样板间距离遥远，模范夫妻的恩爱照片也只是挂在家里的风景。梦幻与现实的鸿沟始终横在眼前，却从来都不曾也不能跨越。你可以像楚门那样，选择不自知地生活在虚假的美好世界里任人摆布，也可以像琼斯一家人那样，选择心知肚明却依然带着灿烂笑容去颠倒众生。

我们之所以对旅途中的某个地方恋恋不舍，只是因为生活在别处。旅行，就是从一个你厌倦了的地方，到另一个别人厌倦了的地方。但是，即便如此，你总能在不同的路上发现不同的生活。你以为的世界和全部，其实只是沧海一粟，大漠一沙，人生还有太多可能和风景。

澳门很小，小到用双脚就可以丈量完整个城市。但澳门又很大，大到需要你放下过客的身份，融入到市井生活的琐碎里，用心去感受这座城市的景色、人文和历史，回望它的繁华和沧桑，不管是过往，还是当下。

商业与市井交集，烟火味尽在此处

说起观赏油菜花，在很多人的脑海里，首先想到的想必定是“婺源”。三四月份是婺源油菜花的盛花期，江岭十万亩金灿灿的油菜花海与一座座白墙黛瓦的徽式建筑，互相交融，彼此映衬，一幅田园风光画跃然眼前，令人心旷神怡。

来到婺源，薄雾，远山，小桥，流水，白墙黛瓦，徽派建筑，石板路，马头墙，湿润的空气，漫山遍野的油菜花，仿佛置身家乡，回到无忧无虑的童年时代。

都说金牛座的人美食当先，一顿丰盛的晚餐，即刻缓解了高铁7个小时的舟车劳顿。席间，从哈尔滨来的谭老师说，世上有一种绝望，叫“我干了，你随意”。其实，她不知道，世上还有另一种绝望，叫“我想尽办法胖起来，却人比黄花瘦”。

这句话，是说我的。

在前往中国四大花海之一的江岭的大巴车上，跟婺源旅游局的王经理聊天时，他告诉我，婺源的旅游主要分为东线和北线——东线到江岭，途经月亮湾、李坑、汪口、江湾、晓起等五个景点，每个景点之间的距离也就20分钟左右的车程；北线是到被称为“江南第一奇谷”、婺源“小九寨”的卧龙谷，途经思口镇的思溪延村。从婺源县城到思溪延村，也是20分钟的车程。

除了经不住美食的诱惑外，金牛座的人其实还有一个最大的特点，那就是注重细节，感情细腻，能发现到很多别人不曾关注，或未曾发现的地方。

李坑：青山绿水环绕，质朴生活美如画

虽然地处江西，但婺源与浙江、安徽交界，东距浙江衢州120公里，北距安徽黄山100公里，古属徽州“一府六县”之一。因此，这座小城既有江南的婉约，又有徽商的历史底蕴，商业化与市井生活互为交集，而李坑与思溪延村最能体现婺源的烟火味。

据史料记载，李坑是一个以李姓聚居为主的古村落，距婺源县城12公里。“李坑”的来历，还有个有趣的故事。据说有位叫李洞的人于北宋祥符年间庚戌年（公元1010年）建村，因该村主要以李姓居住于小溪两岸，而赣中往往称溪为“坑”，故取村名“李坑”。

听当地的导游介绍，“李坑”最早叫“理田”，村子里的“李”姓，是因为远祖在帝尧时为部落首领时任大理（掌刑法之官），故以官职为姓。同时因先祖唐末由北方迁江南时，曾“占地从田之签”，李洞建村时数典不忘祖，取村名为“理田”。到了近代，人们渐渐以李姓居住在小溪两岸，又因“坑”即“溪”，便俗称李坑了。

李坑自古文风鼎盛、人才辈出。自宋至清，仕官富贾达百人，村里的文人留下传世著作达29部。南宋年间，还出了一位名叫李知诚的武状元。

李坑整个村落被青山绿水环绕，村中的民居宅院多是依山而立，沿溪而建，清一色的白黛瓦，错落有致。

村子里边的街巷溪水贯通，青石板道纵横交错，站在这里，意境油然而生，让人情不自禁地想到元代诗人马致远的《天净沙·秋思》："枯藤老树昏鸦，小桥流水人家，古道西风瘦马。夕阳西下，断肠人在天涯。"

进入李坑，途经文昌阁，然后是狮傩庙。庙门口有很多虔诚的信徒前来祭拜，在门口的树枝上挂了很多祈愿、祈福用的红布条，上书"吉祥平安，有求必应"等文字。

沿小溪继续前行，是一段沿溪而建的商贸区，两边店铺林立，都是售卖婺源特产和旅游纪念产品的小店。里边最有特色的，当属查记酒坊。

查记酒坊出售各种纯手工酿造的米酒和果酒，如桃花雪曲、三笄醴、香雪酒、桂花冬雪酒、血糯酒、猕猴桃酒、青梅酒、杨梅酒等，酒香四溢，令人沉醉。

在店里小憩时，听店老板讲述查记酒坊的历史——查记酒坊由浙源乡凤山村"宝德堂"先祖查震高始创于雍正年间，已经传承了十一代，在婺源的江湾、卧龙谷、严田等十多个景区都有店面，可谓是"酒香不怕巷子深"。

思溪延村：民居老旧，故事常新

除了李坑，另一个能体现婺源特点的地方，非思溪延村莫属。

相关资料显示，思溪延村位于婺源县思口镇境内，距县城紫阳镇13公里左右。始建于南宋庆元五年（1199年），至今已有800余年。当时建村者俞氏以（鱼）思念清溪水而名。

思溪延村是婺源北线的景点之一，由思溪和延村前后两个村落组成。这里出过不少明清徽商，豪宅院落内精湛的“石雕、木雕、砖雕”在婺源的徽派老建筑中尤为出彩。电视连续剧《青花》，1987年版的《聊斋》，都曾在此取景。

从延村走到思溪村的路上，有条石板铺就的小路，蜿蜒如彩带，两边是油菜花，远处是清澈的河水，美如一幅田园风光画。

思溪里的敬序堂曾是《聊斋》的拍摄地，与小时候看聊斋的《画皮》产生的噩梦相比，如果晚上从延村回思溪，没有月亮，没有路灯，路边还有坟墓、山坡和油菜花田，这个场景也可以拍摄一部唯美、惊悚的恐怖片了。

旧游客远去，新行人到来，导游嘴边的说辞如同思溪延村的履历，一板一眼，但发生在它们身上的故事，却总是常新。对文化敬重的敬惜字纸，敬序堂里长满青苔的石拱门，一座断壁残垣的老房，一盘倒映树木的石磨，一口用以接天井落下的雨水的大缸，明暗交集的厅堂，摄入镜头里的是景，深埋的故事却躲在取景器里，暗自嗟叹。

总有一个城市，让我以过客的身份，对其念念不忘，期待着后会有期。不管是景色，美食，人文，还是生活方式，街角遇到的陌生人，小巷子里边的猫，老宅子门口的狗，驯养鸬鹚的捕鱼人，坐在村口看过往行人的阿婆，在河边洗衣服的村妇，在油菜花田里写生的年轻女孩，都有其自身的故事，或喜，或悲，或有始有终，或想到了开始但没想到结局。

挥手，告别，回京。同行的12个人里，有60后、70后、80后，生活的城市有北京、广州、成都、哈尔滨、上海、天津、沈阳、临沂，有专职摄影师、国家二级美食师、记者、公务员、PR人、自由职业者，我们性别、年龄、职业、工作、兴趣、性格，各不相同，但并不妨碍相处和交流。

这三天，我学到了不少摄影的干货，也了解到很多自己没有经历却真实存在的生活方式。人生的际遇就是这样，你永远不知道电脑那一头虚拟的身份，有一天会不会成为你真实生活的一部分，也不会知道在下一个路口是相遇还是离别。

感谢同行，感恩遇见，后会有期。

第五章　素履之往，愿无岁月可回头

浪花淘尽英雄，是非成败转头空

老龙头：万里长城之首英姿不减

山海关古城建筑风格为明清样式仿古建筑，大体色彩为青砖墙、灰瓦顶，门窗以红绿黑为主色调。墙柱体彩画以苏式彩画为主，少量为旋子彩画。黑白色调下的城墙更显历史沧桑和岁月斑驳。

老龙头位于秦皇岛市山海关区城南 5 千米处，是明代蓟镇长城的东部起点，也是万里长城唯一集山、海、关、城于一体的海陆军事防御体系。

老龙头地势高峻，有明代蓟镇总兵戚继光所建“入海石城”。入海石城犹如龙首探入大海、弄涛舞浪，因而名“老龙头”。

去往老龙头的路上，路边有一朵不知名的白花伸出围栏，盛开的同时，也在凋败。唯一可以肯定的就是，它不是红杏。

每日来往于这里的游人并不是很多，小摊贩倒是不少。有卖玉米的，有卖矿泉水的，有卖贝壳的，有卖海星的，有卖珍珠项链的。虽偏安一隅，市井生活却井然有序。

一座不知名的庙宇深藏绿丛中，房檐上装饰着两个雕像，像黑暗魔法里的女巫，骑着扫帚，飞来飞去。

岸边有各式各样形态各异的贝壳，它们的命运不归自己支配，被风沙侵蚀得千疮百孔，全然没有了当初的模样。

岸边的植物就像一片成熟的麦田，而游人就像麦田里的守望者。在守望着如期而至的成长，守望着属于自己的明天，还有幸福。可是，谁也不知道，成熟后的果实是否会掉进自己的碗里。

北戴河：党和国家领导人的避暑地

作为党和国家领导人的避暑地，北戴河有着“中国夏都”“中国戴维营”的美称。北戴河距离北京 280 多公里，这里海滩平、沙质好、离京近，这些优势使其成为国家领导人或休假或工作的地方。

北戴河火车站的东侧有一个老火车头及车厢，上边写着“对接—启程”，只是不知道它承载了多少旅途的故事，见证了多少相遇和离散。也算是一处亮点和拍照的景点吧！

鸽子窝公园又叫鹰角公园，由于地层断裂所形成的临海悬崖上，有一巨石，形似雄鹰屹立，因此得名鹰角石。这块石头高 20 余米，过去常有成群鸽子朝暮相聚或窝于石缝之中，所以被称之为鸽子窝。

这里是观赏“红日浴海”奇景的最佳之地。话说 1954 年夏，毛主席曾在鸽子窝公园极目远眺，感慨万千，写下《浪淘沙·北戴河》这一不朽诗篇。

诗词一出，鸽子窝公园更加知名。夏天的早晨，每天都是人山人海等待黎明的曙光。

碧螺塔酒吧北临旅游码头和鸽子窝公园，园内主建筑碧螺塔为海滨东山地区最高点，塔高 21 米，分 7 层，是世界上独一无二的海螺形螺旋观光塔。

站在观光塔上，早上可以观看日出，中午可以钓鱼、潜水或远眺三面环海的绚丽风光，晚上可以欣赏沙滩篝火，或者去海上迪厅、空中酒吧街品尝独具特色的海鲜排档。

话说一代伟人邓小平曾到此垂钓，为此园内专门立了一块“邓小平钓鱼处”纪念碑。

北戴河的沙滩很松软，适合黄昏的时候漫步。波光粼粼的水面，有人在发呆，有人在眺望远方，有人在忙着搜寻寄居蟹，有人在祈祷能捡到好看的完整的贝壳。

距离北戴河景区或者说海边最近的当属刘庄，这里整片区域大多都是家庭旅馆、饭馆，以及专卖北戴河特产的门店。此外，还有售卖旅游纪念品、旅游工艺品、日用百货、奇石玉器、旅游用品、地方名吃、名优特产等大大小小的店面。

住在刘庄的民宿，可以吃到正宗的农家饭，享受到最古朴的农家乐。

不管是白天，还是夜市，整条街的生意都特别好。不管饭店的规模大小，这里随处可见烤扇贝、烤生蚝、烤鱿鱼，也算是北戴河的一大特色吧！

海岸附近有很多的石头，退潮后就会裸露出来。因长期被海水浸泡，潮湿不堪，上面布满了青苔。坐在上边晒个日光浴，也是一个不错的选择。

除了年轻人，还时常有老人骑着老式的自行车，在海边悠然地骑行。骑累了，就坐在沙滩上，卷一把烟丝，吞云吐雾，面朝大海，面露微笑，回首肆意飞扬的往昔。

山海关见证了历史，北戴河洗涤了年华。不管是海里的渔船、岸边的贝壳，还是岸上的游人，都在自己选择的路上，亦步亦趋地走着、观望着，一路风景一路高歌。而生活，就如同一汪海水，谁都难以一饮而尽。

两遭蹂躏，园林之美始终傲然绽放

颐和园是来北京旅游的人必去的景点之一，它是我国现存规模最大、保存最完整的皇家园林，是中国四大名园之一。它原名清漪园，坐落在北京西郊，距城区十五公里，占地约二百九十公顷，与圆明园毗邻。

它是以昆明湖、万寿山为基址，以杭州西湖为蓝本，汲取江南园林的设计手法而建成的一座大型山水园林，被誉为“皇家园林博物馆”。

浓缩沧桑历史，皇家园林底蕴深如神作

它始建于公元 1750 年，时值中国最后一个封建盛世——“康乾盛世”时期；1860 年第二次鸦片战争，清漪园被英法联军焚毁；1886 年，清政府挪用海军军费等款项重修，并于两年后改名颐和园，作为慈禧太后晚年的颐养之地。1900 年，颐和园惨遭“八国联军”

蹂躏，珍宝被劫掠一空。

颐和园里的景点主要有佛香阁、长廊、石舫、苏州街、十七孔桥、谐趣园、大戏台、万寿山、昆明湖等140多处，不管是亭台楼榭，还是琼楼玉阁，都可以说是“虽由人作，宛自天开”。

长廊全长728米，共273间。以其精美的建筑、曲折多变和极丰富的彩画而负盛名，是我国古建筑和园林中最长的廊。喜欢拍对称式构图的朋友，这里是不错的取景地。

佛香阁可以说是颐和园的标志性建筑，它始建于乾隆年间。南对昆明湖，背靠智慧海，将东边的圆明园、畅春园，西边的静明园、静宜园以及万寿山周围十几里以内的优美风景合成一体。

站在佛香阁向下俯瞰，不管是参天大树、桃红柳绿，还是绿色的琉璃瓦屋顶、朱红色的宫墙，都可以尽收眼底。

德和园是一组大型的戏园建筑，前后4进院落，以3层的大戏楼为主体，是慈禧最喜欢的听戏地点。据说京剧就是在德和园大戏楼完成的。

这个地方经常会吸引一批喜欢京剧的老者，他们经常相约坐到一起，讨论名段，诉说往昔。

石舫是颐和园内唯一带有西洋风格的建筑。造型仿自江南园林中的“舫”式建筑，全长36米，船体用巨大石块雕砌而成，建有中国传统式样的木构舱楼，分前、中、后舱三部分。

仁寿殿始建于乾隆年间，光绪时重修。据说这是皇帝夏天到颐和园避暑时，临时处理政事的地方，功能相当于故宫的乾清宫，等级相当于故宫的太和殿。

颐和园的香岩宗印之阁仿西藏桑耶寺形式而建，前后有廊，正脊歇山黄色琉璃瓦顶。殿内正中供奉三世佛，两侧供奉十八罗汉。

春色诱人，颐和园里购物、游湖、赏花。

苏州街是一个仿江南水镇而建的商业街，里边布满了琳琅满目的店铺，如玉器古玩店、绸缎店、点心铺、茶楼、金银首饰楼等。来这里游玩的人，基本上都是只看不买。因为前门大栅栏样式更多，价格更优。当然了，这些东西还是内行看门道，外行看热闹。

智慧海是北京颐和园万寿山顶最高处的一座宗教建筑，由砖石砌成的无梁佛殿，由纵横相间的拱券结构组成。

昆明湖是颐和园的主要湖泊，面积占到了3/4。春天的时候，望着碧波荡漾的湖水，以及随风摇摆的柳丝，还有湖中划船的游客，内心再愁苦的人也自然心旷神怡起来。

运气好的话，还能碰到在水中嬉戏、捉鱼的野鸭。

湖中有一道西堤，仿西湖苏堤而建。西湖苏堤上有六座桥，昆明湖的西堤上也建了六座桥，自南向北分别是：柳桥、练桥、镜桥、玉带桥、豳（bin）风桥和界湖桥。值得一提的是，六座桥不仅名称不同，造型也是各异。每一座桥自有其特色和亮点。

十七孔桥也是颐和园里的一大标志，其造型兼有北京卢沟桥、苏州宝带桥的特点。桥上雕刻有精美的石雕，而且每个桥栏的望柱上还雕有神态各异的狮子。

春天可以去颐和园赏花、踏春，冬天可以去颐和园拍雪景。对于喜欢摄影的朋友，颐和园里的素材可够拍一年了，尤其是二月春回，里边的兰花、海棠花、桃花次第盛开，可谓是美景如画。

忆袁崇焕，笑谈古今事

去兴城古城的时候，选的路线比较特殊。先从北京到北戴河，然后经由北戴河转到兴城。

兴城古城的知名度虽然不及平遥，但来头可不小，它是我国目前保存最完整的四座明代古城之一，位于辽宁省兴城市老城区中心，是唯一一座方形卫城。集“城、泉、山、海、岛”五大景观于一体，可以满足不同游客的旅游体验。

登临古城，看袁崇焕如何挫败努尔哈赤

兴城有八景，其中有四大必玩景点：首山（因三峰矗立，状若人首而得名）、兴城温泉（古称“汤泉”，位于古城和海滨之间）、兴城古城（古称宁远卫城）、兴城海滨（与美国的西雅图和我国的青岛极为相似）。

史料记载，兴城古城始建于明宣德三年，为宁远卫城，清代重修，

改成宁远州城，与西安古城、荆州古城、山西平遥古城同被列为我国迄今保留完整的四座古代城池。

城墙四面正中各有城门一座，东叫春和门，南为延辉门、西名永宁门、北称威远门。各城门上修筑高耸的箭楼，各门内侧沿城墙修有蹬道。城中心设有钟鼓楼，城门外筑有半圆形瓮城，城墙四角筑有炮台，用来架设红夷大炮。

进古城是不需要门票的，但上城墙需要买票，25 元一张，老年人减半。

兴城南大街中央矗立着两座石坊，这是明朝末代皇帝朱由检（明思宗）为表彰当时的辽西都督祖大寿、祖大乐兄弟镇守边陲的功绩，下诏建立的旌功牌坊。

说到兴城，肯定要提到一个人——明代赫赫威名的抗清名将袁崇焕。明代的时候，兴城还叫“宁远古城”，是一座军事重镇，也是一处边防重地，袁崇焕就驻守于此，抗击清兵。

在兴城有一个说法，一座宁远城，半部明清史。说的主要就是袁崇焕在宁远组织的著名的宁远大捷和宁锦大捷。

不过明清时代不再，袁崇焕的结局更是悲惨，但兴城一如 500 年前的模样。虽然物是人非，但故事和传说仍在流传。

在兴城市火车站，第一眼就能看到伫立在火车站广场上的袁崇焕的石雕像。而在古城的城楼上，还插有写着“袁”字的战旗，四角都有袁崇焕所架设的红夷大炮。据说当年清太祖努尔哈赤所率领的大军，就在红夷大炮的攻击下尝尽苦头，努尔哈赤在攻城时也身负重伤，备受打击，回盛京后不久就身亡了。

千古兴亡多少事，物是人非事事休

现在的兴城，少了很多历史沧桑感。看着街道两旁鳞次栉比的商铺，以及络绎不绝的游人，你很难想象它之前经历过怎样的岁月变迁和车马碾压。

城隍庙、钟鼓楼、祖氏牌坊、文庙、督师府、部将军私邸等历史遗迹散落在城内各处，隐匿在砖墙与树木之间，如同埋没掉旧日的金戈铁马一般。

兴城的城墙因为年久失修，为了保持古城风貌，很多地方只好用钢架支撑。

兴城的建筑自成风格，步行街里不同的建筑有不同的房檐，瓦当上也雕刻着各式各样的造型。灰色的屋顶上，点缀着一丛绿色的狗尾巴草，仿佛夏日里的一股清泉。

“第二北戴河”的赞誉真不是瞎吹的

除了北戴河，兴城其实也是北方人夏天休闲避暑的海边胜地。而且，兴城海滨还有“第二北戴河”的美誉。

兴城的海滨是一道长约1500米的天然半月形海湾，有兴海湾、港口湾、邴家湾、老龙湾四个海滨浴场，是我国北方最大的天然浴场。沙滩细软，海水清澈，深浅适中，很适合游泳和漫步。

极力推荐两个地方，一是位于兴城兴海南路的海滨浴场，二是位于兴城的辽东湾最大的岛屿——觉华岛。

兴海湾入口处伫立着一尊用花岗岩雕琢的高大的菊花女塑像。

菊花女就是“菊花杀恶龙”传说中的菊花姑娘，她是美丽、善良、勇敢、智慧和自我牺牲精神的化身，是兴城人民心目中的英雄。

海湾南端有个景点叫“三礁揽胜”，在三座盘踞海中的明礁上，建有一座造型幽雅别致的观海亭。在这里，你可以观海听潮，可以玩慢门拍摄，可以支起鱼竿静心垂钓。退潮后，还可捡贝壳、抓螃蟹，乐趣多多。

兴城的好处就在于追忆历史的同时，还能享受海滨风情，以及味美汁肥的新鲜的海鲜美食——鲜鱼、对虾、海蜇、杂色蛤、海蜇皮等。

*

*

7月已至，反正路途依旧漫长，反正前方依旧遥不可及。那就请放慢脚步，走一程，停一程，等等自己的影子，等等自己的灵魂。

地道的北京味儿，不只活在记忆中

不管你是初到北京，还是久居于此，如果想体验地道的老北京味儿，那么有一条行走线路你不妨一试：后海——烟袋斜街——南锣鼓巷。

后海不是海，是安放情怀之所

后海是指前海、后海、西海三块水面的什刹海。什刹海地区是北京市内唯一一片有水的居民区，也是北京城内元大都时期的古老水域。它与北海一水相连，与景山、故宫遥遥相对。

为了区别于北海、中海、南海前三海，后海被称作后三海。后海东起地安门外大街，西至新街口大街，南起平安大街，北至北二环。连接前海与后海的银锭桥，被盛赞为“眼波流转在京城眉心处”。

后海，有一泓清池，有垂柳拂岸，有泛舟湖面，有胡同小吃，有碧瓦红墙，有老北京四合院建筑群的影子，有皇家遗韵的点滴风范。

据皇城根的老人们说，后海的水域连着故宫的龙脉，一直都是北京的风水宝地。所以，里边有寺庙，有官宦府邸，有名人寓居，人丁兴旺，繁华热闹。于是，有了“先有什刹海，后有北京城”一说。

据史书记载，暑夏时节，藕局、茶社、食品、商摊和曲艺等各式摊棚沿岸而设，吸引着仕宦官家、文人雅士、平民百姓纷至沓来，场面盛极一时。

如今，“烤肉季”“爆肚张”“孔乙己”依旧伫立于银锭桥边。行走于街道上，时不时还能闻到街两旁爆肚、卤煮，以及老北京豆汁传来的味道。

夏天去后海一定要坐船，泛舟游玩，追逐野鸭。冬天去后海，可以穿着冰鞋滑冰，或者玩滑冰车，或者在冰面上徒步行走。

漫步于后海边上，可以经常看到手弹吉他、席地而坐，唱着民谣的流浪歌手。还有一些给人画素描像的画者，手中的画笔在纸上来回涂抹，模特的轮廓就已跃然纸上。每一个人，都在以不同的方式，生活着。

烟袋斜街位于地安门外大街鼓楼前，是北京北城较有名气的文化街，也是八条特色商业街之一。此地原名“鼓楼斜街”，后因街内以经营旱烟袋、水烟袋等烟具、古玩、书画、裱画、文具及风味小吃为主，久而久之，人们便把这条满是烟袋铺的斜街称为“烟袋斜街”。

烟袋斜街与四条胡同相通，东段北侧鑫园客栈处是大石碑胡同南口；由此向西，至“京扇子”商店，岔出一条南北方向的短巷而与前海东沿相连；再向西，至斜街西端，其北是小石碑胡同南口，西是鸦儿胡同东口，转向南行便是银锭桥了。

烟袋斜街中最知名的建筑莫过于广福观了，明代茶陵诗派的代表人物李东阳就曾作诗《西涯杂咏十二首·广福观》赞曰：飞楼凌倒景，下照清澈底。时有步虚声，随风渡湖水。

在烟袋斜街的一家锁了门的小店里，遇见了一只美短虎斑加白折耳猫。它孤单地站在玻璃门后边左右张望，一脸愁容和不安。不禁让我想起了苏打绿的《你在烦恼什么》：没有不会谢的花，没有不会退的浪，没有不会暗的光，你在烦恼什么吗？

南锣鼓巷是胡同，堪称北方的“平江路”

如果你要选择北京的胡同一日游，首推的就是南锣鼓巷了。

“南锣鼓”名字源自“罗锅胡同”，据史料记载，南锣鼓巷南北走向，全长不到 800 米。东西两侧各有 8 条胡同 16 条腿整齐对称地保留下来，号称“蜈蚣巷”。

南锣鼓巷北边是鼓楼大街，南边是平安大街（地安门东大街），西边连着什刹海，东边是交道口南大街。

这里的每条胡同都有名人故居遗存，如：炒豆胡同的“僧王府”（铁帽子王僧格林沁），雨儿胡同的齐白石故居和罗荣桓、粟裕故居，帽儿胡同的“可园”和“婉容故居”（末代皇后），菊儿胡同的“荣禄府”，后圆恩寺的茅盾故居和蒋介石行辕等。

这里每天出门遛弯的老人，会在木牌子上写着水温多少度，气温多少度。这种日常的琐碎，也是一种生活。

南锣鼓巷曾经和三里屯、什刹海并称为北京三大酒吧街。

里边有很多的工艺品和小吃售卖，还有不少的特色小店，如：文宇奶酪、熏肉卷饼、吉士果、炸鸡排等。此外，还有很多装饰得很有意境和情调的咖啡馆，坐在里边，点杯咖啡，一个人可以看书、听课、写字、发呆；两个人可以谈理想，可以聊聊现状，可以遥望故乡，可以畅想远方。

胡同里边经常能碰到吹糖人的手艺人，他们手法精湛，糖人更是栩栩如生。如今还能流传并坚守靠手艺吃饭的人，已经越来越少了。

吹糖人是旧时北京的一个行当，北京话为“吹糖人儿”，汉族民间手工艺品之一。小贩们肩挑挑子走街串巷，挑子一头是一个带架的长方柜，柜子下面有一个半圆形开口木圆笼，里面有一个小炭炉，炉上的一个大勺里放满了糖稀。

有传说称，吹糖人儿祖师爷是明朝宰相刘伯温。当然了，这个传说现在已经无从考证。

青色的砖，灰色的瓦，古旧的巷，林立的店铺，古朴沧桑的店门，名人的故居，雀跃于此的游人，“蓑衣胡同”“帽儿胡同”冒出的烟火气息，都只是在展现另一种平凡的生活。我拿着单反，站在胡同的另一端，目光透过取景器，看生活和来往这里的人们，如何演绎一场没有彩排的洗衣做饭的琐碎。

睡雨海棠犹倚醉，舞风杨柳难成曲

2015年4月10日，经过元大都遗址的一瞬间，有风划过，掀起阵阵寒意！

喜欢在每一段文字的开头写下时间，只是怕自己的记忆有一天会成为空白。当我回首细品这些曾经不经意间留下的心情时，希望可以想起随风消逝的场景。

旅行，手捧单反，天堂或地狱在按下快门的刹那，已成永恒——旅行和摄影，依旧是我让自己安静下来的最佳方式。

铁骑铮铮驰骋沙场，踏破万里河山

大都城于元世祖至元四年（公元1267年）正月正式破土，到元世祖至元十三年（公元1276年）基本完工，历时九年。

北京元大都城垣遗址公园是在元大都土城遗址上建造而来，西起海淀区学院南路明光村附近，向北到黄亭子，折向东经马甸、祁家豁子，是一座免费对外开放的，集历史遗迹保护、市民休闲游憩、改善生态环境、防灾应急避难于一体的有文化历史内涵的现代城市遗址公园。

它分为海淀和朝阳两段，全长十余公里，是北京市城区内最大的狭长带状公园。

据史料记载，元世祖至元三年（1266 年），忽必烈决定在原中都城东北重建新城，1267 年开始建造。以琼华岛（今北海）为中心兴建宫城、皇城、坛庙等。至元九年（1272 年）命名为大都，至元二十一年（1284 年）全部建成，周长 28.6 公里。

明洪武元年（1368 年）攻克元大都后，随即将北城墙向南收缩约 5 里，为高达十余米的城墙遗迹，俗称“土城”。

大都城占地 60 里，有城门 11 座，全城土筑。大都的东、西墙即现在二环路内侧，北城是现在的德外、安外土城公园一线，南线在今长安街略南。自学院路向东至西坝河，已修建成公园。元大都城垣遗址公园跨朝阳、海淀两区。公园中“蓟门烟树”“大都建典”“古垣新韵”“大都盛典”和“龙泽鱼跃”五大节点把朝阳段和海淀段连接起来，从西到东展示了元大都至今北京城市 700 多年的发展脉络。

“海棠花溪”是元大都城垣遗址公园十个景区之一，景区内种植了西府海棠、贴梗海棠、金星海棠、垂丝海棠等诸多品种的海棠树 28 个品种、5000 余株海棠，是北京市海棠品种最多、数量最大的海棠园，也是爱花、拍花人士观赏海棠的主要地点和最佳取景地。

海棠花溪景区分为西区和东区，西区主要观赏西府海棠、金星海棠、雪球海棠等品种，东区集中展示新优品种，火焰、露易莎、春雪、粉屋顶、粉手帕、凯尔斯、亚当、印第安魔力、道格等 28 个品种。

元大都城垣遗址公园每年 4 月中旬的“海棠花节”，与香山植物园的“桃花节”、玉渊潭的“樱花节”，并称京城春日里的三大花事。话说这个“海棠花节”是 1998 年开始举办的，原因和目的说辞不一。

春回人间，争相斗艳吐露芬芳

元大都除了海棠花，还有很多花种。如：桃花、梅花、梨花、迎春花等，还有路边的小野花。

春日温暖的午后，常有三五老人坐在凉亭里，边晒太阳边聊家长里短：张三家拆迁赚了多少钱，李四家的闺女到现在还没出嫁，隔壁老王好几天没过来遛弯了。

公园里地势宽阔，比较适合放风筝。放眼望去，天上缠斗着大小不一、颜色各异、形态多样的风筝。“草长莺飞二月天，拂堤杨柳醉春烟。儿童散学归来早，忙趁东风放纸鸢。”这首诗用在当下，也十分应景。

公园里还有个常客——喜鹊，它们喜欢将巢筑在大树上。世人都说“喜鹊报喜，乌鸦报丧”。而且，喜鹊在国内还是吉祥的象征，自古就有画鹊兆喜的风俗。对此，我倒是没什么感觉。只是觉得喜鹊这种动物胆子挺大，不怕人，易拍照。

时间，是经不起细数的；而旅程，是看清自己的平静如水的一面镜子。在春日的各种花散发出的芬芳里，我在元大都城垣遗址公园仿佛听见了铁马铮铮，看到一段段侠骨柔情的传说。

晋商的荣光与淳朴的民风

北京到平遥：从繁华到淳朴

上大学时，我以为，北京会是我人生的终点；毕业八年后，才发现，原来北京只是我旅程中的一个起点。

站在北京站前，迎着刺骨的寒风，第一次觉得它是如此的美丽，美得惊艳，美得心醉。在涌动的人流和车流前，我拿起单反相机，拍下了我在北京八年看到的这个至美的时刻。

晚上 10 点，坐在北京开往太原的 K601 次列车上，开始了新的旅程。在卧铺车厢里，望着窗外的时候，在站台上无意中看到了一列很霸气的火车，在那辆火车停止前行后，我终于看清了车上的字——莫斯科开往北京。就在那一瞬间，我想起了南宁至河内（嘉林）国际旅客列车 T8701/2 次，这趟列车的开通也使南宁成为除北京之外的中国第二个国际列车始发站城市。遗憾的是，我都没有坐过。

22 点 20 分，火车启动，我的旅程开始了。似乎每一段旅行都是这样，坐硬座的时候，我总是嗜睡，而一旦坐卧铺，我却又开始了失眠。今晚依旧如此，在同车厢人的此起彼伏的呼噜声中，我拿起手机，开始记录我的行程。

在我开始有了睡意的时候，列车员却很及时地过来换票了。到达太原后，我直奔山西博物院。如果说故宫是皇室的炫耀，那么山西博物院里的东西就是历史的陈述。行走在里边，我能清晰地感受到历史的那种血脉、那种真实。

告别太原之后，下一站就是平遥古城了。

出火车站直走，十字路口左转就看到了平遥古城的大门。售票窗口人烟稀少，我刚买完150元的通票，就有开摩的的人过来问我，要不要坐车。我说不用，我喜欢自己走走。结果她没有放弃，跟了我好长一段路。我只好拿出相机，四处拍照。这个时候，她可能发现了新的“猎物”，终于放过我了。

沿着斑驳的城墙一路前行，先经过大片的居民区，虽然有些破败，却很纯朴。古城的人们很惬意地过着他们平静而简单的生活，不理会背包客驴友们蜂拥而至满怀好奇的目光，他们按照自己固有的模式生活着，这种格格不入让我忽然有种穿越了的感觉。

小插曲是走到半路看到了一辆放倒的电动自行车，旁边躺着个人，我第一反应是现在流行这样乞讨了？然后慢慢反应过来也许是有人受伤了，于是拿起手机报了警。还没接通，这时候忽然跑来个人，知道是家属，我也就放心地挂了电话。

往前继续走了一段路后，发现一段路上有均匀的雪花，再往前走又没有了。

正在我思考是不是有灵异现象的时候，我听到了有人用扩音器大喊："你拿枪的姿势和眼神不对。"顺着声音的方向，我拿起相机偷拍到了城墙上两个拿枪的战士，估计是在拍电影。

再往前走一段路，看到了铁丝网、木质岗哨、中影集团的运输车，种种迹象表明我的猜测是正确的。我在城墙下边问一个老大爷，他说是冯小刚在拍《一九四二》，原来刚才说话的就是冯导。

走在古城中，随处可见古人生活的痕迹。故宫恢宏大气，但是却深锁闺中。而平遥给人的生活气息则更为浓厚，更有人情味。

明清街和几条街道还是蛮值得一逛的，那几个景点比较集中，开始逛很有新鲜感，后来就觉得差不多了，都是：大宅子上面悬着铁丝网和铁铃铛（叫摇摇铃，据说是110说法的起源），地下是和院子同等大小的地下金库，尽显晋商的极致生活和财不外露的谨慎态度。

明清街上买了皮影和木头做的招财蛙，还有手工的虎头鞋。皮影不是这里的特产，是陕西的，但是真的很精致。这里的特产是剪纸，大概是没有碰到正宗的，看到这里的剪纸，我都有种自己是人民艺术家的感觉，太粗糙了。

据说漆器是平遥的特产，本来我看中个刷着红漆的首饰盒子，听到带团的导游说漆器都是有灵性的，工人的魂魄都被吸走了，所以那些工匠普遍命很短。于是下定决心不买了，导游也真笨啊，你这么说游客很容易就放弃购买了！到处都是卖红色的漆镯子的，我仔细地研究了一下，也没有看出来到底是漆器还是刻印章的那种橡胶的，放弃了。

夜晚的平遥，没有西塘那样富有情调和小资，更多的是带给游人一种历史的沧桑感和厚重感。夜晚的平遥街道很冷清，大红灯笼静静地关闭着，没有那种繁华的感觉，完全就是一个小城的样子。我寻思，难道平遥不为旅游而生，夜晚只是为了让城市好好休息，居住的人好好睡觉?!

食宿：平遥小吃历史悠久，风味独特

晚上入驻的格林豪泰酒店，虽说不是旅途中住的最贵的酒店，却是我住得最舒服的一次。与在西塘住的风月客栈（旅途却无关风月）相比，这里似乎更为安静。也许南方城市的夜生活，北方城市是不可比拟的吧！本以为可以美美地睡上一觉了，谁曾想半夜再一次失眠，于是只好再次拿起手机写日志。

在太原的时候，我没有选择当地的特色美食，而是为了个嗨小奇，午饭变成了 KFC，晚饭变成了 KFC 全家桶。

在平遥的时候，终于吃了当地的特色面食——莜面栲栳栳和素炒猫耳朵。

“莜面栲栳栳”有个民间传说：隋文帝杨坚偏信奸佞之言，要立次子杨广为太子，唐国公李渊力谏不纳，被贬为并州（太原）留守。途经灵空山时，不料李夫人临盆分娩，只好借宿灵空山盘谷寺，生下李元霸。李渊滞留该寺，与老方丈谈论天下事。一日，老方丈对李渊说，我夜观天象，近日天下大乱，群雄恶战，将军应养精蓄锐，将来必成大业。今日我让香积房给你做顿稀罕饭，吃后定会精神焕发，体强力壮。午时将莜面“蜂窝”筒筒端了出来，李渊蘸上辣椒吃后，顿觉神清气爽，便问是什么饭。老方丈说是用莜麦面做的，形似“蜂窝”，所以当地老百姓称其为“莜面窝窝”。李渊当皇帝后，派老方丈到五台山当住持。老方丈赴任途中路过静乐县，见当地盛产莜麦，便把制作“莜面窝窝”的技术传给静乐人，从此莜面窝窝成为静乐人的待客饭。后静乐人看见这种窝窝像存放东西的直筒“栲栳”，故将窝窝改称为“栲栳栳”。

在返回北京的时候，由于晚上 18 点多就走完整个平遥古城了，离 1164 次平遥—北京西（21：48 发车）还有很长一段时间，外边还天寒地冻的，我只好选择了火车站附近的德克士，又点了个全家桶，外加 8 元拿了个蜡笔小新录音玩具。这两天之后，我对快餐恶心到了极点。

了悟：旅行没有终点

在历史的尘埃中穿行，我告诉自己：人生经不起等待，有梦就赶紧去实现。千万不要告诉自己，等我以后什么什么了，再去实现什么什么。我想跟你说的是，人生没有以后，你留给自己的以后越多，你留给自己的遗憾也会越多。

旅途中，渐渐地你会发现，你在苦苦追寻的那些金钱、权力、地位、荣耀，在历史的面前都是浮云，唯有追随自己的内心才是快乐之本。真正的幸福，不是活成别人那样，做别人的复制品，而是你追随内心，活出了真实的自我。

在旅途中，总是希望能够寻找到一种自己想要的生活，只是我们习惯了寻找，习惯了擦肩而过，习惯了回首来路。其实，很多时候，不是别人限制了我们的自由，而是我们的内心束缚了自己。

在夜色下稍显冷清的平遥，我想起了一句话“你所浪费的今天，是昨天死去的人奢望的明天；你所厌恶的现在，是未来的你回不去的曾经”。不管怎么样，旅行是没有终点的，明天我还是会选择在路上。

时间碾过岁月之痕，你我皆过客，不舍菩提，不解缠缚。光阴远赴，荼靡之后，愿所行之路，愿所遇之人，皆温暖如初。

＊
＊

历史与现代交融，古朴与繁华相托

等了一个多小时，终于弄完团队签。

中午 11 点 50 分，走出海关，开始异域之旅。

两个小时的飞行，顺利抵达首尔金浦国际机场，一路上在异域风情明显的韩文路标和韩国现代车流中奔向仁川。

如此繁华璀璨，车水马龙的一座现代都市，竟然不堵车，真是惊到我了。

看着路边各个韩国文字店铺，顿觉高大上。仔细想想又觉得好笑，也许店铺就是王二麻子铁匠铺、张老三小卖部的翻译呢！

但是，人一旦到了一个陌生的地方，不识字也是件很有意思的事情。

高楼和风格各异的二层小房屋错落有致，大概是身处郊区，所以没感受出一种特别的繁华感。

一车人都相对很安静，大家看着窗外若有所思。导游是个东北长大的韩国小孩，顾名思义，这正宗东北味让我忽然有了身在东三省的既视感。

木槿花的不屈不挠，韩国人坚守的韧性

导游说三星是韩国最大的财团，除了电子产品还有餐饮、地产、购物中心，甚至还有汽车——雷诺三星。

谈到韩国房产和房价，原来还真有江南区。没错，就是《江南Style》中的江南。江南是暴发户区，或者说是上流社区，类似上海浦东，据说财团老总这样的有钱人都聚集在这里。它是首尔的一个行政区，位于首尔东南部。该区是首尔的重要商业地带，新沙、驿三、论岘、三成都是不少跨国企业的办公室所在地，被誉为“汉江奇迹”。一如朴载相在歌中所唱——“江南”白天“高贵”，夜晚“疯狂”。

韩国大概有二十多万辆汽车，外国车只占三万辆，日系车只有留学生和大使馆会用。韩国人大部分用现代和起亚，本土品牌意识还是很强的。

因为司机不熟悉地形，仁川自有公园临时变成了中华街。可能还没到旺季，游客不是很多。

这里是一个很有特色的地方，小细节都很精致。桥上石球上的漂亮涂鸦、地上的方向指示箭头、小牌子的字，自动直饮水机、到处吆喝着的 ice cream，很多好玩有趣的东西。

木槿花是韩国的国花，在首尔的大街小巷随处可见，它象征着朝鲜半岛人民在抵御日本侵略者斗争中体现出的不屈不挠的民族精神。

今天的最后一站是月尾岛公园，面朝大海，夕阳非常漂亮。当然，前提是没有雾霾。唯一不习惯的是，没有了中国移动，手机信号也就没了。好在，韩国的网速很给力。不管是登录网页、传图、在线看视频，还是下载文件，都很快。

四花酒店设备什么的都一般，唯一的好处是距离市中心很近，类似于北京三里屯的地方，晚上 10 点多还有很多中国人和韩国人、黑人在路上散步、聊天。

入睡时已经是夜里 12 点多，相当于韩国时间的深夜一点多，不过楼下的十字路口依旧是川流不息，人来人往。

这里要提示一下烟民们，韩国公园里都是不允许吸烟的。违令者，真的会被罚款的。

偶遇“大长今”，充满人情味的韩国“故宫”

上午的行程是去看青瓦台（也被称之为“蓝宫”）及周边的著名景观。面向他们的玄武之地北山，有一个凤凰踏球的喷泉，导游无比自信地告诉我们凤凰象征着大韩民国，球是地球（宇宙中心在韩国啊），下面还有几组一家三口雕像，导游说象征着朝鲜和韩国在一起。

事实上，凤凰是权力的象征，圆球则表达了南北统一的愿望，而三口之家则暗喻四面八方家家和谐幸福。广场前的这几个雕塑，还是挺意味深长的。

对韩国“故宫”（古宫）的印象较为深刻，因为导游在讲解过程中，不断强调日本把它烧了一部分，不然会很大云云。本来还想看《大长今》拍摄地来着，因为正在整修无缘观赏。

韩国古宫的建筑风格基本效仿中国古代建筑，一律飞檐斗拱、方正严整，建筑格局又远远比不上故宫恢宏，但更有人情味一些。景福宫是朝鲜王朝的第一座正宫，也是朝鲜古宫群中维护最完善的一座建筑群。整体来说不是很大，印象最深的是他们屋顶的神兽，故宫的是龙和九子，韩国的居然是唐僧、悟空、八戒、沙僧、白龙马这一些西游记人物排序。

谈到字库，韩国导游再次彰显出民族自信和自豪感，说他们是近代唯一一个自己发明文字还在用着的民族。想到自己是壮族的，想到壮族的文字，当时第一举动是想拿出人民币背后的壮族文字告诉韩国导游：小伙子，我们壮族人也有自己的文字和语言，嗯哼！

韩国是个思想和政治都较为开放的国家，街头巷尾随处可见某大法宣传条幅和传单。据同行的先辈说这一定不能带回去，否则团会走不了。吓得我赶紧喝了一杯 1982 年的可乐压压惊。

这一夜，我们高呼“中国加油”

晚上看亚运会开幕式，我们穿着统一的橘黄色 T 恤，不知道会不会被拍到，一不小心就上了个直播。

从车上的梦中醒来，已经是韩国时间第二天零点 30 分，窗外是静谧的汉江和一路飘红的车流。估计今夜首尔的半数居民都在仁川亚运会现场，这是很精彩也很难忘的一个夜晚。

韩国舞蹈、精美的舞台布景、灯光、音响，当然还有家喻户晓的韩国明星，我只认识张东健，金秀贤，鸟叔，还有第一个组合第二首歌曲，组合名称不记得了。

一浪高过一浪的尖叫声，有种看演唱会的错觉。现场看灯光舞美都不错，只是衔接略有瑕疵，倒计时部分很明显地存在了几分钟的冷场，演快了。也许是彩排的次数不够，又或许是“思密达人”太过自信。

在现场用单反相机记录了很多精彩的部分，只是有些遗憾，今天玩得太久单反相机没电了，没有拍到金秀贤，要不可以现场发图给我的韩星粉朋友们。

看运动员入场还是很激动人心的，特别是中国队出场的时候，感觉至少有三分之一的会场沸腾着，我们都激动地站起来，一边挥舞着手中的小国旗，一边大声呼喊着“中国加油”。其次是中国香港，中国澳门，中国台湾——对台湾的翻译始终都是 Chinese Taiwan。

韩国出场的时候我们才知道，原来身边也有很多韩侨，他们为韩国加油，也为中国加油，他们有着不同的身份和特殊的情结。这个夜晚，不分国度，不讲立场，不分彼此，两个都爱。

世人企盼的无非就是一个没有纷争的、可安居乐业的、能实现自我价值的生活。在首尔和仁川的这些天，深入其中，用心聆听，用眼搜寻，你会感知到更多生命的真谛，美好而纯净。

黑吉边界一座小城，不为人知的故事和风景

这座位于黑龙江和吉林边界的小城，虽然名不见经传，但地理位置却十分重要，很多故事更是耐人寻味。

一方水土养一方人

这座小城有一条很知名的河流，名为嫩江，它是松花江的支流，全长 1370 公里，有 20 多条支流，是黑龙江水系最长的一条支流。流经黑龙江与内蒙古、吉林的交界，最后在吉林省松原市三岔河与松花江南源汇合为松花江。

家住那里的王同学曾告诉我，1998 年发生特大洪水时，水位线急剧增高，有一天堤坝突然缺口，水随之奔涌而至。住在嫩江边附近的人家第一时间逃离，当时为了保住人，很多家具、牲口都被迫舍弃。他家里养的两条大狗因为拴着绳索，来不及解开，淹死于滔滔洪水中。而关于猪圈里的猪，围栏被大水冲开后，猪都跑了出来，

在水中奋力游泳靠岸，只是最终也都被洪水吞没。

现在前往江边的道路入口处，还留有一座抗洪英雄纪念碑，只是随着时间的流逝，纪念碑已经有些破败不堪了。但依旧能通过它，使人们想象到当时抗洪的惊险，以及军民团结一致的动人心魄的场面。

18年之后，经过城市的变迁和发展，嫩江早已不再只是一条河流，而是变成了嫩江湾国家湿地公园，在松嫩平原的大地上熠熠生辉。

当地政府把原始生态景观与人文思想有效结合，打造出了老坎子码头、玉龙湖、望江楼、听涛阁、同心揽月、龙石广场、荷花池、映月潭、沿江景观道、福人岛、外滩天然湿地景观、翠谷溪等多处景点。春夏秋冬有着不同的景色，吸引了周边很多游客慕名而来。

小城文化厚重，底蕴有迹可循

据史料记载，这里还是契丹“捺钵”文化的承载地。“捺钵”是契丹语的译音，是辽帝行营的意思。因为辽帝在一年的春夏秋冬四个季节，都会从事与契丹游牧习俗相关的营地迁徙和游牧射猎等活动。自辽代以来，“捺钵”一词由行宫、行营、行帐的本义被引申来指帝王的四季渔猎活动，即所谓的“春水秋山，冬夏捺钵”，合称“四时捺钵”。

《辽史》中曾有记载，作为东胡族系鲜卑族的后裔，契丹人世代聚居在内蒙古东部地区西辽河上游地带，是典型的游牧民族，所以契丹皇帝有“四时捺钵”的传统，按照春夏秋冬四季变化随时变动驻地。

有趣的是，书里还谈到几位辽代皇帝每逢春季都要到嫩江湾理政巡边，凿冰捕鱼，与民同乐。辽道宗继位后，在此设立了转运使司，负责粮食外运，由大安港水旱两路分运各地。

此外，这里还是吉林省最大的内河对外开放港口。顺江而下可达俄罗斯的五个开放港口，并可直通日本海，为此它被赞誉为吉林省连接中、日、俄水上的“黄金通道”。

春天的时候，很多长者会结伴前往嫩江湾国家湿地公园进行晨练，或者散步，或者坐在凉亭里聊家长里短。

夏天的时候，这里水草丰美，蒲苇繁茂，鱼虾成群，还有很多的野生植物和野生动物。在江边随处可见江鸥，盘旋、俯冲、入水、捉鱼，自成一景。

冬天的时候，江面上的水完全冻结成冰，行人或车辆可以直接穿行而过，直接从吉林跨到黑龙江。还有人专门开着大卡车过来凿冰，把一块块柱形冰块拿到工厂加工成冰雕或冰灯。还有人在江面上直接凿洞，捕鱼。还有人凿出可容纳三四个人的大洞，用于冬泳。

除了以上谈到的这些自然或人文景观，这里还有一座火车可以穿行的横跨吉、黑两省的嫩江铁路大桥，相传是日本侵略东三省时所建。几十年过去了，这座桥依旧稳固如初，一列列满载旅客、石油、木材、粮食的列车来回穿梭其中。来往于桥上的火车及车厢里的乘客，见证了历史，见证了这座小城的变迁，见证了万家灯火日复一日的明灭。

而桥下，则游动着帆帆点点的客船、驳船和拖轮，汽笛声、马达声与波涛声交集到一起，汇成一曲动人的乐章。

每个城市自有其故事和灵魂

在嫩江湾国家湿地公园，竖立着一处高昂的牌坊，上书三个大字：老坎子。老坎子又称大安港，自古以来就是天然码头，迄今已有 80 多年的历史。因为嫩江发源于大兴安岭，由北向南千里之下，至大安台地逶迤东南，在此形成天然港湾，所以就有了吉林省最大的内河港口——大安港。

整个冬季，这座小城的温度可以达到零下 20 度，甚至更低，嫩江完全变成了一个冰窖。港口里的海事巡逻船、轮渡和渔船都随之被封冻在江面上，只能等待春暖花开时，再度鸣笛起航。

这里的很多景点都有其自身的传说，比如望江楼。据《大安文史资料》记载，望江楼始建于 1929 年，位于大赉县城东南“关帝庙”附近的高台上，当地人称之为“点将台”。当时的望江楼呈六角形，梯在北侧，共有十三层。南侧悬挂黑字白匾“振武亭”，落款人高运海。1931 年“九·一八事变”后，王稼范于楼北侧悬挂红匾，题字为“望江楼”。1935 年，县长马明良在北侧悬一黑匾题字“同乐阁”。

现在的望江楼重建于 1991 年，楼高 30 米，共 5 层。1998 年，望江楼在特大洪水中被大面积毁坏。2011 年，经过修复，望江楼再次恢复原貌，焕发生机。

如今，游人来到这里，都喜欢爬到楼顶，凭栏远眺，俯瞰整个嫩江湾国家湿地公园的美景。

每个城市都有其不同的风土人情和灵魂，如同每个人自有其性格一样。这座黑吉边界的小城，虽然在地图和旅游热度上渺渺然，与国内外那些热门的旅游景点难以媲美，但它依旧值得你去欣赏它的魅力，去聆听它的故事，去感知它的精神底蕴。